ध्यान के रहस्य .... पुराण उपनिषदों में

सत्येन्द्र कु ० पाण्डेय (सत्येंद्रम शुभम)

क्रम-सूची

अर्पण

पूज्य पिताजी स्व० श्री सत्यदेव पाण्डेय एवं पूज्यनीया माता जी
श्रीमती हृदया देवी

पूज्य माता पिता एवं पूज्य गुरुदेव के श्री चरणों में अर्पित

प्राक्कथन

वेद, उपनिषद्, पुराण आदि सनातनी ग्रन्थ रहस्यों से भरे हुए हैं । इस पुस्तक का पात्र इन्ही रहस्यों की तलाश में रहता है । उसे रहस्य एवं चमत्कारों में बहुत विश्वाश होता है । उसके अंदर जीवन के वास्तविक अर्थ जानने की प्यास होती है, जिसे वह अध्यात्म के माध्यम से तलाशता है । उतराखंड के हिमालयी क्षेत्र में उसकी यह प्यास उसे अपने धर्म ग्रन्थ में वर्णित विभिन्न पात्रों से मुलाक़ात कराती हैं । वह इस यात्रा में क्या पाता है । तथा वह किन किन अनुभवों से हो कर गुजरता है, वह तो आप इस पुस्तक को पढ़ कर जान ही जायेंगे ।

यह पुस्तक प्रयास है अपने सनातनी देवी, , देवताओं तथा पुराण आदि में वर्णित अन्य योनियों तथा ध्यान आदि के रहस्यों को समझने और समझाने का । हम इन विषयों को ले कर बहुत ही भ्रांतियों में जीते हैं । हम उनके वजूद पर शंका करते हैं । जबकि हम अगर उन्हें सही ढंग से तलाशे तथा उनके सही अर्थ समझ सके तो उनका साक्षात्कार हो जाए । और जीवन में बदलाव आ जाए, जीवन में चमत्कार घटित हो जाए । मैंने इस पुस्तक में उन रहस्यों को काफी शोध तथा अपने ध्यान तथा अध्यात्मिक अनुभवों के आधार पर बताने की चेष्टा की है । विशेष कर ध्यान के मार्ग पर चलने वालों के लिए यह पुस्तक काफी सहायक होगा। मैं कितना सफल रहा वह निर्णय मैं आप पाठक वर्गों पर छोड़ता हूँ । अपने सनातनी संस्कृति तथा धर्म ग्रन्थ वेद, पुराण आदि में वर्णित वास्तविकता को लाने का एक बहुत ही छोटा सा प्रयास है मेरी यह पुस्तक । इस पुस्तक को पढ़ते हुए आप हर क्षण आवाक और रोमांचित होंगे, तथा वैदिक तथा पुराण के पात्रों के रहस्य को जान पायेंगे, ऐसी उम्मीद करता हूँ । इस पुस्तक को पढ़ते हुए अगर आप बार बार ध्यानस्थ होते हैं तथा अपने भीतर की यात्रा कर पाएं, तो मैं अपने प्रयास में अपने को सफल समझूँगा । और हाँ एक आग्रह और , इस पुस्तक के दो, चार, दस पेज (पृष्ठ) पढ़ कर कोई निर्णय न लें । इस पुस्तक में जितने डूबते जायेंगे उतना अधिक आंतरिक अध्यात्मिक

खजाना आपके हाथ लगेगा ।

आपका
सत्येन्द्र कु० पाण्डेय
रांची झारखंड
दिनांक 15/10/2021 (विजयदशमी)

ॐ पूर्णमदः पूर्णमिदं पूर्णात्पूर्णमुदच्यते ।
पूर्णस्य पूर्णमादाय पूर्णमेवावशिष्यते ॥
ॐ शान्तिः शान्तिः शान्तिः ॥

निरंतर तेल की धार सा अटूट स्मरण रहे विराट जो अव्यक्त है
ॐ

1
उत्तराखंड का चमत्कारी मन्दिर

उत्तराखंड का बहुत हीं सुंदर चारो तरफ से पहाड़ियों से घिरा हुआ गाँव था वह । दूर दूर तक हिमालय की पर्वत श्रृंखलायें फैली हुई। गाँव से एक डेढ़ किलोमीटर हट कर एक पहाड़ी ऊँचे टीले पर एक छोटा सा शिव मन्दिर स्थित था । मंदिर के गर्भगृह में एक शिवलिंग स्थापित था। गाँव वालो का मानना था उस शिव लिंग को लगभग डेढ़ दो सौ वर्ष पूर्व किसी सिद्ध संत ने उस मंदिर में स्थापित किया था। मन्दिर का निर्माण भी उसी सिद्ध संत ने करवाया था । इस शिव मंदिर में बहुतों को अलग अलग दिव्य अनुभूतियाँ भी हुई थी । शिव मन्दिर के चारो तरफ खुला बरामदा बना हुआ था जहाँ से खड़े हो कर देखने पर चारो

तरफ आलौकिक पर्वतों जंगलों के सुंदर दृश्य साफ नजर आते थे । पहाड़ की चोटी पर बने एक छोटे से समतल मैदान पर स्थित था यह मन्दिर । इस स्थान के चमत्कारी होने की बात आम लोग बहुत कम जानते थे । किन्तु उतराखंड में विभिन्न स्थानों पर रहने वाले कुछ साधु संतों में इस दिव्य मन्दिर तथा शिव लिंग के अलौकिकता की चर्चा प्रायः होती रहती थी ।

मनोज को बचपन से हीं अध्यात्म के प्रति एक अजीब खिंचाव महशूश होता था । किसी भी साधु संत को देख कर उसकी बांछे खिल जाती थी । वे उनसे अध्यात्मिक चर्चा करने लगता । विभिन्न तरह के सवाल उसके मन में था । कुछ सवालों के उतर तो उसे मिलता था किन्तु कुछ सवालों के उतर से वह संतुष्ट नहीं हो पाता था । दिल्ली में सरकारी नौकरी करता था वह । वहां वह बिना परिवार के अकेले हीं रहता था । उसकी पत्नी और बच्चे राजस्थान के एक गाँव में रहते थे ।

उसे जब भी लम्बी छुट्टी वगैरह का मौका मिलती तो वह किसी अध्यात्मिक स्थल की यात्रा के लिए निकल जाता । अगर उसे दो दिनों की भी छुट्टी मिलती तो कम से कम ऋषिकेश तो अवश्य घूम आता था। ऋषिकेश के स्वर्गाश्रम में उसे एक संत से भेट हुई थी । उन संत का नाम स्वामी अद्वैतानन्द था । उसी संत ने उसे उत्तराखंड के उस गांव में स्थित एक सिद्ध संत द्वारा स्थापित शिव मंदिर के बारे में उसे बताया था । मन्दिर के अंदर और कई चमत्कारी अनुभव के बारे में भी और ढेर सारी बातें उस संत ने उसे बताया था जो उन्होंने अनुभव किया था ।

इस बार गर्मियों में उसने एक महीने की लम्बी छुट्टी लेने की सोच रखी थी । उसने अपने उच्चाधिकारी को आवेदन दिया छुट्टी के लिए और आवेदन मंजूर भी हो गया । अब देर किस बात की ! अपने बोरिया बिस्तर के साथ वह निकल पड़ा उतराखंड के उस गाँव के लिए जहाँ वह दिव्य शिव मन्दिर स्थापित था ।

जहाँ वह दिव्य मन्दिर स्थापित था उस गाँव के लोग बहुत हीं सीधे सादे और सरल थे । गाँव वासियों के समक्ष मनोज ने वहां स्थित शिव मन्दिर में कई दिन बिताने की इच्छा रखी । गाँव वालों ने उसे यह बताया की वह मन्दिर में सुबह चार बजे से शाम के सात बजे तक मन्दिर में

आरती के समय तक तो वह अपना पूरा समय बिता सकता है । किन्तु उसके बाद रात्री में वहां समय बिताना ठीक नहीं । गाँव वालों ने उसे इस सम्बन्ध में मन्दिर के पुजारी से बात करने की सलाह दी । गाँव में हीं मन्दिर के पुजारी का घर था । मनोज अपनी इच्छा के साथं पहुँच गया पुजारी के घर । मन्दिर के पुजारी अपने घर में हीं मौजूद थे । उसने मन्दिर के पुजारी को प्रणाम किया और मन्दिर में कुछ दिन बिताने की इच्छा व्यक्त की जिसमे रात्री में मन्दिर में रहना भी शामिल था । तथा साथ हीं उसने यह भी इच्छा व्यक्त करी की वह जितने दिन भी वहां रहेगा, दो समय के भोजन की व्यवस्था पुजारी जी हीं करें । इसके एवज में जो भी दक्षिणा होगा कुछ पैसे के रूप में वह चुका देगा । मन्दिर के पुजारी ने प्रारम्भ में तो मन्दिर में रात्री बिताने के लिए उसे मना किया । किन्तु उसके जिद्द के कारण मन्दिर के पुजारी को उसकी बात माननी हीं पड़ी । भोजन की व्यवस्था की बात भी पुजारी ने मान ली । मनोज ने उसी समय एक हजार रूपये मन्दिर के पुजारी को निकाल कर दिए भोजन की व्यवस्था के लिए तथा उसने उन्हें और भी राशि बाद में दिए जाने की बात कही । मन्दिर का पुजारी प्रसन्न था ।

मनोज मन्दिर के खुले बरामदे में बैठा हुआ था, और सामने पहाड़ों जंगलों का दृश्य निहार रहा था जो की दिव्य था । वह अब बहुत हीं प्रसन्न था । शाम हो चुकी थी । मन्दिर में आरती की तैयारी चल रही थी । मनोज वहीं मन्दिर के अहाते में बैठा हुआ था । मन्दिर की आरती प्रारम्भ हो गयी । ढोल, नगाड़े और घंटियां बजनी शुरू हो गयी । मन्दिर के पुजारी ने थाल में आरती सजा ली थी और आरती करनी शुरू कर दी । चारो तरफ एक दिव्य सुगंध विद्यामान हो गया । टन न न न ..... टन न न न न ..... उत्पन्न करती घंटी की ध्वनी भी एक अदभुत दिव्यता उत्पन्न कर रही थी । मन्दिर में उपस्थित सभी लोग एक साथ गा उठे "ॐ जय शिव ओमकारा .... । " मनोज अपने पुरे भक्ति भाव में लीन था ।

मन्दिर की आरती सम्पन्न हुई । लोग प्रसाद ले कर अपने अपने घर लौटने लगे । सारे लोगों के चले जाने के बाद मन्दिर के पुजारी ने मन्दिर में ताला लगा कर मन्दिर की चाभी मनोज को सौंपते हुए कहा –

" लीजिये यह मन्दिर की चाभी है जब आपने यहाँ रात्री में रुकने का मन बना हीं लिया है तो आगे शिव शम्भु भोलेनाथ की इच्छा। "

मनोज ने पुजारी के प्रति हाथ जोड़ कर अपनी कृतज्ञता जाहिर की। रात्री के ग्यारह बज रहे थे । मनोज एक अदभुत रोमांच महशूश कर रहा था । दूर जंगलों से कुछ वन्य जीवों की आवाज भी रह रह कर सुनाई देती थी । दूर से झींगुरों की आवाज भी आ रही थी झन्न्न्न .... झन्न्न्न ....। रात्री के करीब दो बज चुके थे । मनोज कुछ चमत्कारी अनुभव होने की अपेक्षा कर रहा था । सुबह के चार बज गये तभी मनोज ने देखा दूर से कोई मानवीय आकृति सामने से चली आ रही थी । वह मानवीय आकृति जब सामने आई तो मनोज ने पाया की वह तो मन्दिर के पुजारी जी हैं । मन्दिर के पुजारी जी ने वहीं रखी दो बाल्टियां उठा ली और बगल के झरने की तरफ चल दिए जो वहां से लगभग 500 मीटर की दूरी पर निचे की ओर था । मनोज भी उनके साथ हो लिया उसने झरने की तरफ हीं नित्य कर्म तथा स्नान आदि करने की इच्छा जाहिर की। मन्दिर के पुजारी ने अपनी सहमती दी और कहा आप नित्य कर्म स्नान आदि के लिए मेरे आवास में निर्मित बाथरूम और शौचालय का भी इस्तेमाल कर सकते हैं । मनोज ने कहा मैं कल से ऐसा हीं करूंगा । मन्दिर के पुजारी ने बात हीं बात में मनोज से पूछा क्या कोई दिव्यअनुभूति हुई मन्दिर में। मनोज ने न में अपना सिर हिलाया । पुजारी ने पूछा क्या आपने रात्री में मन्दिर के अंदर ध्यान लगाया था क्योंकि मन्दिर का दरवाजा तो मेरे आने पर बंद था ।

मनोज ने कहा " मैं तो पूरी रात्री मन्दिर के बाहर हीं बैठा रहा । दरअसल मुझे थोड़ा भय भी महशूश हो रहा था इसलिए मैंने मन्दिर का द्वार नहीं खोला तथा अंदर ध्यान नहीं लगाया । "

मन्दिर के पुजारी यह सुन कर मुस्कुरा उठे और बोल पड़े " ईश्वर से डरेंगे तो ईश्वर से स्नेह और प्रेम कैसे उत्पन्न होगा । ईश्वर तो अपने हैं उनसे क्या डरना । "

मनोज को पुजारी की बात सुन कर थोड़ा बल अवश्य मिला ।

मन्दिर के पुजारी ने झरने से भर कर लाये हुए जल से पुरे मन्दिर के फर्श को धोया । पूजा पाठ आदि की तैयारी के लिए यह उनका नित्य का

कार्य था ।

मनोज भी झरने में स्नान आदि के बाद मन्दिर में पहुँच चुका था । सूर्योदय हो चुका था । सुबह की आरती के लिए मन्दिर में लोगों की भीड़ आरती के लिए जुटनी शुरू हो गयी थी । मनोज आरती में शामिल होने के बाद पुजारी के घर गया तथा कुछ जलपान आदि किया । फिर भोजन के समय पर भोजन आदि करने के बाद दिन भर उसने मदिर के बरामदे में ही व्यतीत किया ।

रात्री के ग्यारह बज रहे थे । मन्दिर के पुजारी के घर रात्री के हल्के भोजनोपरांत मनोज मन्दिर के बरामदे में ही बैठा हुआ था । घुप्प अन्धेरा छाया हुआ था चारो तरफ । गाँव में बिजली घंटे दो घंटे के लिए हीं सिर्फ आती थी । पहाड़ों पर दूर इक्के दुक्के प्रकाश बिंदु चमकते हुए दिखाई देते थे जो पहाड़ों पर स्थित ग्रामीणों के घरों में जलते दीपक का प्रकाश था । अजीब सी सिहरन महशूश कर रहा था मनोज । आज उसने मन्दिर के कपाट खोल कर मन्दिर के अंदर हीं शिव लिंग के समक्ष ध्यान लगाने की ठान रखी थी । मन में थोड़ा थोड़ा भय भी था ।

रात्री के एक बजे मनोज ने मन्दिर का दरवाजा खोला। मन्दिर के गर्भगृह में एक घी का दीपक जल रहा था , बहुत हीं मंद मंद प्रकाश गर्भगृह में फैला हुआ था । अंदर प्रवेश करते हीं उसने देखा शिव लिंग पर चढ़े प्रसाद को चूहे खा रहे थे । तथा उसने देखा शिव लिंग से बिलकुल सट कर एक काला नाग कुंडली मार कर बैठा हुआ था । सांप के होने के वावजूद भी चूहे निर्भीक हो कर शिव लिंग के उपर चढ़ाए प्रसाद अक्षत आदि चट कर रहे थे । यहाँ तक की मनोज के उपस्थिति का भी चूहों पर कोई प्रभाव नहीं पडा, वे वैसे हीं पूर्ववत निर्भीक बने रहे । किन्तु मनोज की आहट पा कर सर्प सरसरा कर जल निकासी के लिए बने छिद्र की तरफ बढ़ने लगा और गायब हो गया । सर्प को देख कर मनोज भी थोड़ा डरा । इसके वावजूद मनोज ने साहस बटोर कर शिव लिंग के निकट वहीं रखे एक कुशासन को उठा कर उसे बिछा कर बैठ गया, और ध्यान लगाने की कोशिश करने लगा । मनोज के मन में काले सर्प के प्रति आंशिक भय भी व्याप्त था । कुछ देर ध्यान लगाने के बाद मनोज ने अपने दिमाग में थोड़ी शून्यता महशूश की ।

मनोज ध्यान लगाने की असफल चेष्टा कर रहा था काफी वक्त बीत चुका था । तभी मनोज ने मन्दिर के बाहर कुछ आहट महसूश किया तथा साथ हीं ॐ नमः शिवाय मन्त्र के जाप करने की ध्वनी भी सुनी । आवाज़ कुछ जानी पहचानी सी थी । मनोज मन्दिर के गर्भगृह से बाहर आया । बाहर मन्दिर के पुजारी जी मौजूद थे । मनोज को देख कर वे मुस्कुराए और बोले " आपको आँख बंद कर के ध्यान लगाये देखा आप एकदम से मेरी आहट पा करघबड़ा ना जाएँ इसलिए मैंने ॐ नमः शिवाय मन्त्र का जाप शुरू कर दिया । और बताएं और सब ठीक ठीक बीता आपके उदेश्य की पूर्ति हुई ? " मनोज ने फिर सिर हिला कर न में अपनी असहमति जताई । उसने गर्भगृह में सर्प दिखने की बात पुजारी को बताई । पुजारी ने भी कई बार स्वयं सर्प देखने की बात स्वीकार की अक्सर सुबह में मन्दिर की कपाट खोलने के बाद । तथा पुजारी ने यह भी बताया सर्प के तरफ से कभी कोई आक्रमकता नहीं होती बल्कि सर्प मुझे देखते हीं जल निकासी के छिद्र से गायब हो जाता है ।

आज मन्दिर में मनोज की तीसरी रात्री थी ।

रात्री के दस बज रहे थे । मनोज मंदिर के बरामदे में ही दीवाल से सट कर बैठा हुआ था जंगल पहाड़ों की तरफ मुंह कर के । शून्य में कहीं दृष्टि थी उसकी । जंगल, पहाड़ों की तरफ से मंद मंद शीतल सुगन्धित पवन के झोके मनोज के चेहरे को स्पर्श कर के निकल रहे थे । मनोज के अंदर एक अजीब सी स्फुरण थी । मनोज को ऋषिकेश के संत अद्वैतानन्द जी के वचनों पर पूर्ण विश्वाश था । जिन्होंने इस मंदिर के अलौकिकता और दिव्यता के बारे में उसे बताया था । वह उन्ही के बारे में सोच रहा था । संत के बारे में सोचते सोचते वह तन्द्रा अवस्था में आ गया था । थोड़ा सजग हुआ तो देखा रात्री के साढ़े बारह बज रहे थे । अब वह मंदिर के गर्भगृह में प्रवेश करने की तैयारी में था । उसने मन्दिर का दरवाजा खोला । चूहे पूर्व की तरह प्रसाद को चट करने में लगे हुए थे । आज उसे सर्प दिखाई नहीं दे रहा था । यह उसके लिए अच्छा हीं था । उसके मन में डर कुछ कम हुआ । वह ध्यान लगाने को तत्पर था । उसने ध्यान में प्रवेश किया । लगभग एक घंटे के बाद उसे कुछ सरसराहट सी महसूश हुई । उसने देखा मंदिर में दूधिया प्रकाश बिखरा हुआ था जो की दीपक के

प्रकाश से थोड़ा तेज था । ध्यान में होने के कारण उसे उसे प्रकाश महशूश नहीं हो रहा था । हलाकि गर्भगृह में फैला दूधिया प्रकाश उतना तीव्र नहीं था । वह अचंभित था आखिर यह प्रकाश आ कहाँ से रहा है, वह सोचने लगा और उसकी निगाहें प्रकाश स्त्रोत ढूँढने लगी । पहले उसे शिव लिंग के समीप वही पहले वाला सर्प दिखाई दिया । जो फूलों , बेलपत्र आदि के निचे छुपा हुआ बैठा था । उसने सर्प के ठीक सामने एक बेलपत्र के निचे कोई चमकती हुई चीज देखी । वह तो हीरे जैसी कोई चीज थी आधी बेलपत्र से ढके होने के कारण वह उस चीज को स्पष्ट रूप से देख नहीं पा रहा था । तभी उसे बहुत हीं तेज चंदन की खुशबू महशूश हुई । इस क्षण उसके मन में तनिक भी भय मौजूद नहीं था जबकि सर्प अभी भी वहां मौजूद था हाँ चूहे अब अवश्य गायब हो गए थे । वह अनायास ही ध्यानस्थ होने लगा।उसकी आँखें तेजी से बंद होने लगी । उसे महशूश हो रहा था वह कहीं किसी अलग ही दुनिया में खोता चला जा रहा था । उसे अपना आस्तित्व मिटता हुआ सा महशूश हो रहा था । तभी उसे अपने मूलाधार चक्र जो रीढ़ की अंतिम हड्डी के निकट स्थित होता है वहां थोड़ा विदुतीय स्पंदन महशूश हुआ। जैसे कोई चीज वहां से उठ कर ऊपर की ओर बढ़ने को आतुर हो । उसके अंग अंग में मीठा मीठा सा दर्द महशूश होने लगा। वह अपनी पूरी सुध बुध खोने लगा । उसे महशूश होने लगा जैसे वह किसी अज्ञात, अनंत, असीम की ओर खींचा चला जा रहा है । वह खोता चला गया, वह खोता चला गया, वह खो गया ।

सुबह हो चुकी थी । मन्दिर के पुजारी सुबह में आरती आदि के लिए मन्दिर पहुँच चुके थे । पुजारी ने उसे झकझोर कर जगाया । “ अरे भाई अब मंदिर के सुबह की आरती का समय हो चला है । लोग आरती के लिए जुटने लगे हैं । ” पुजारी ने उससे कहा ।

वह पुजारी के तरफ देख कर मुस्कुराया । उसकी मुस्कुराहट व्यान कर रही थी जैसे कोई खजाना उसके हाथ लगा हो । पुजारी भी उसे देख कर मुस्कुराया ।

“ जाइए घर से नित्य क्रिया स्नान वगैरह से निवृत हो कर वापस आ जाइए । लगता है बहुत ही गहरे ध्यान में खो गए थे । ” पुजारी ने मनोज को संबोधित करते हुए कहा और स्वयं आरती की तैयारी करने लगे ।

मनोज ने पुजारी के घर की तरफ प्रस्थान किया अपने दैनिक नित्य क्रिया वगैरह से निबटने के लिए ।

सुबह के ग्यारह बज रहे थे । मनोज मन्दिर के बरामदे में बैठा हुआ था । एक अजीब सी खुमारी महशूश कर रहा था वह । जैसे उसके चित के साथ उसका अंग अंग प्रसन्न था । तभी उसने मंदिर के पुजारी को अपनी तरफ आते देखा । मन्दिर के पुजारी जी उसके निकट आ कर बैठ गये । मनोज तथा मंदिर के पुजारी दोनों के चेहरे पर मुस्कुराहट थी । सौम्य मुस्कुराहट ।

" लगता है कल रात्री को आपका ध्यान बहुत ही बेहतरीन ढंग से लगा था । आपके चेहरे पर फैली प्रसन्नता और तेज भी इस बात की गवाही दे रहें हैं । " प्रत्युतर में मनोज ने सिर्फ मुस्कुरा दिया ।

" चलिए कुछ जलपान ग्रहण कर लीजिये " पुजारी ने मनोज को संबोधित करते हुए कहा ।

" जी अच्छा " मनोज ने उतर दिया ।

मनोज पुजारी के साथ ही उसके घर की तरफ बढ़ चला ।

" ईश्वर की कृपा से कल बहुत ही बढ़िया ध्यान लगा और बहुत ही दिव्य अनुभूति भी हुई । लगता है मैं यहाँ जिस लिए आया था वह पूरा हो गया । तथा साथ ही एक अजीब दृश्य मंदिर के गर्भ गृह में देखने को मिला । " मनोज ने कहा

मनोज ने रात में घटी सारी घटना के बारे में पुजारी को बताया उसने पुरे गर्भ गृह में फैले दूधिया प्रकाश के बारे में भी बताया । तथा सर्प के आगे उस चमकती हुई वस्तु के बारे में भी पुजारी को बताया ।

पुजारी ने कोई जबाब नहीं दिया बस सिर्फ मुस्कुराता रहा एक रहस्यमयी मुस्कान !

" ईश्वर तथा संतों की विशेष कृपा रही जो कल रात मैं एक बहुत हीं दिव्य अनुभव से गुजरा । सभी महात्मा यहाँ आ कर जो अनुभूति करते हैं शायद मैंने वह अनभूत कर लिया है । मेरा उदेश्य पूर्ण हुआ । अब कल मैंने जाने की सोच ली है । कल मैं वापस दिल्ली लौट जाऊँगा ।" मनोज ने पुजारी से कहा ।

अब पुजारी ने अपनी बात कहनी शुरू की -

" मैं यहाँ मन्दिर में करीब 45 वर्षों से सेवा कर हूँ । मेरी उम्र करीब 65 वर्ष है । मेरे पहले मेरे पिताजी इस मन्दिर में सेवा करते थे और उनसे पहले मेरे दादा जी । पीढ़ियों से यह परम्परा चली आ रही है । पिता जी के स्वर्गवास के बाद ये जिम्मेदारी मेरे उपर आ गयी । इन 45 वर्षों में तथा उससे पहले भी बचपन से मैंने यहाँ अनेक संत महात्माओं को आते देखा है । बहुत सारे संतों को यहाँ अनेकों अध्यात्मिक और दिव्य अनुभूतियाँ हुई । आपकी हीं तरह अनेकों संतों ने मुझसे अपने अनुभव बताए, कुछ संतों ने मुझसे अपने अनुभव गुप्त भी रखे किन्तु अन्य साधकों से उन्होंने अपने अनुभव बताए । और उन साधक संतों के माध्यम से मैं उन संतों के अनुभव भी जान सका जिन्होंने अपने अनुभव मुझसे गुप्त रखे थे । बहुत सारे संत तो यहाँ बार बार आये और हर बार एक नई अनुभूति ले कर गये । उन संतों की अनुभूतियों को जिन्हें मैंने उनसे सुना था उसके वनिस्पत आपकी अनुभूति बिलकुल हीं नगण्य है । बल्कि मै तो यह कहूँगा आप सिर्फ समुद्र के किनारे चंद चमकीले कंकड़ पत्थर और मृत घोंघे चुन कर संतुष्ट हैं। मैं आपसे यही कहूँगा अगर आपकी छुट्टी अभी और बची हो तो कुछ दिन और ठहरें और अपनी ध्यान साधना जारी रखें । मैंने आपसे पहले किसी भी आप जैसे गृहस्थ को मन्दिर में रुकने की इजाजत नहीं दी थी । मैंने आज तक सिर्फ संतों को हीं यहाँ रात्री में मन्दिर के अंदर साधना करने की इजाजत दी उनमे से भी सिर्फ उन्हें इजाजत देता था, जो किसी सिद्ध संत का नाम लेते और बोलते थे मुझे फलां सिद्ध संत ने भेजा है । दरअसल मुझे आपके आने की सूचनापहले से ही हो गयी थी । आपके आने के एक दिन पहले रात्री में मुझे स्वप्न में आपके आने की सूचना दी गयी । और आपके रहने ठहरने और भोजन आदि की व्यवस्था करने को कहा गया था । आपके आने के एक पूर्व रात्री में जब मैं भोजन के बाद सोने की चेष्टा कर रहा था । तभी तंद्रा अवस्था में, तब मैं न जाग रहा था न सो रहा था मेरे सिरहाने एक प्रकाश पुंज प्रकट हुआ । जिसमे एक वृद्ध संत जिनकी दाढ़ी और बाल जो की बहुत लम्बे और सफेद थे उनकी छवि दिखाई दी । प्रकाश पुंज के अंदर से उस संत की छवि बोलती हुई सी प्रतीतहुई । मैं उनकी आवाज स्पष्ट रूप से सुन पा रहा था । उस संत ने आपके यहाँ आने की बात,

आपका नाम , हुलिया , वस्त्र के रंग आदि बता कर आपके ठहरने साधना आदि की व्यवस्था करने की बात मुझसे कही और अंतर्धान हो गये । उन्होंने मुझे यह भी बता दिया था की आप दिल्ली से आ रहे हैं । मैंने आपको देखते हीं पहचान लिया था । मैंने आपको पहले ये सब बाते नहीं बताई क्योंकि आप पहले से कोई धारणा बना कर न चलें । अगर साधना में पहले से हीं कोई अपेक्षा ले कर चली जाये तो, साधक उस रोमांचक अनुभव से नहीं गुजरता और न हीं वैसा आनन्द देने वाला अनुभव करता है, जो वास्तविकता के निकट हो । साधना में अगर जिज्ञासु हो कर प्रवेश किया जाए और जो भी स्वाभाविक हो वही उसका असली फल है । कम से कम संतो के संग में ये बात मैंने अवश्य सीखी है। मुझे यहाँ एक से एक प्रखर दिग्गज संतों का संग मिला है जो मैं आपको पहले भी बता चुका हूँ । मैंने जान बूझ कर आरम्भ में मन्दिर में आपको नहीं ठहरने को कहा । ये सिर्फ मेरा नाटक था । असल में आप मेरे मना करने के बाद लौटने की कोशिश करते तो मुझे राजी होना हीं था हर हाल में । मैं आपको मन्दिर में ठहरने की इजाजत देता हीं इसमें कोई दो राय नहीं थी । और मुझे आपसे कोई धन वगैरह की आवश्यकता नहीं आप यहाँ जितने दिन ठहरेंगे उतने दिन की सारी व्यवस्था मेरे द्वारा ऐसे हीं की जायेगी । मैंने यहाँ और भी संतों की सेवा की है जो यहाँ आते रहें हैं । यहाँ के मन्दिर और भोले नाथ की महिमा अपरम्पार है भोले नाथ की असीम कृपा मुझ पर रही है । शिव शंकर ने मुझे और मेरे पूर्व की पीढ़ियों को कभी भी धन आदि या किसी भी अभाव में रहने नहीं दिया है । ”

इतना कह कर पुजारी जी मौन हो गए ।

“ अभी मेरी काफी छुट्टी बची हुई है । मैंने सोचा मुझे जितना अनुभव होना था उतना अनुभव मुझे हो गया किन्तु आपकी बातें सुन कर मेरा उत्साह और बढ़ा है । मैं यहाँ कुछ दिन और रुक कर और दिव्य अनुभूतियाँ करना चाहता हूँ । अभी मैं यहीं रुकूँगा । ” मनोज ने कहा ।

पुजारी के चेहरे पर मुस्कुराहट फैल गयी , उन्हें देख कर मनोज भी मंद मंद मुस्कुरा उठा । शाम को मन्दिर की आरती में मनोज पूरी तन्मयता के साथ शामिल हुआ । फिर पुजारीजी के घर जा कर उसने रात्री का भोजन लिया और करीब रात्री दस बजे पुनः मन्दिर के बरामदे

में आ कर बैठ गया ।

रात्री के ग्यारह बजे उसने मन्दिर का दरवाजा खोला । दरवाजा खोलते हीं उसे दिव्य सुगंध महशूश हुई । मन्दिर के अंदर आज चूहे मौजूद नहीं थे और न हीं कोई सर्प वहां था ।

मनोज मन्दिर में रखे कुशासन को बिछा कर उस पर बैठ गया सामने शिव लिंग था । मनोज ध्यान लगाने की कोशिश करने लगा । करीब आधे घंटे तक उसने ध्यान लगाने की कोशिश की किन्तु ध्यान लग नहीं रहा था । बीच बीच में वह आँखें खोल कर देख भी लेता की कहीं सर्प तो नहीं आ गया है । लगभग आधे घंटे 45 मिनट तक उसका मन भटकता रहा । फिर उसे हल्की झपकी आ गयी । दरअसल वह न नींद की अवस्था थी और न हीं जाग्रत अवस्था । उसने उसी अवस्था में देखा कोई संत उनके सामने खड़े थे । संत के चेहरे से अत्यंत तीव्र प्रकाश निकल रहा था, जिसके कारण वह उनका चेहरा देख नहीं पा रहा था । उसकी दृष्टि संत के चेहरे पर बिलकुल ठहर हीं नहीं पा रही थी । संत ने अपने दाहिने हाथ के अंगूठे से उसके आज्ञा चक्र(दोनों भौं के बीच में) को स्पर्श कर दिया था । संत का स्पर्श पाते हीं वह और गहरे ध्यान में उतर गया । उसके मूलाधार चक्र (रीढ़ के अंतिम हड्डी के निकट) में थोड़ी झनझनाहट महशूश हुई । उसे विदुतीय स्पंदन महशूश हुआ । उसे रीढ़ के हड्डी में गर्माहट महशूश हुई जैसे कोई गर्म चीज रीढ़ के हड्डी के मध्य से ऊपर उठने की कोशिश कर रही हो । थोड़ी देर बाद उसने महशूश किया रीढ़ के मध्य से कोई गर्म चीज ऊपर उठती हुई उसके सिर के चोटी तक पहुँच गयी हो । उसे बहुत हीं दिव्य प्रकाश की अनुभूति हुई । जैसे वह एक प्रकाश लोक में विचरण कर रहा हो । बिलकुल श्वेत प्रकाश चारो ओर । उसे महशूश हुआ जैसे उसका शरीर बिलकुल रुई की तरह हल्का हो गया है और वह प्रकाश में तैर रहा हो ।

तभी मनोज को उसके कंधे पर हल्की थपथपाहट महशूश हुई । उसकी आँखें खुल गयी और उसने देखा मन्दिर के पुजारी उसे कंधे थपथपा कर उसे जगा रहे थे ।

" सुबह के चार बज गये हैं । मन्दिर के आरती की तैयारी करनी है । लगता है आप बहुत हीं गहरे ध्यान में थे । " मन्दिर के पुजारी बोल पड़े ।

मनोज ने मुस्कुरा कर जबाब दिया "आज जैसी अनुभूति मैंने अपने जीवन में कभी महशूश नहीं की थी ।" फिर उसने संक्षिप्त में वह सब बताया जो उसने महशूश किया था ।

उस अनुभूति की खुमारी अभी मनोज के अंदर से गयी नहीं थी । मन्दिर के पुजारी ने जब पुरे मंदिर के फर्श को साफ कर लिया । उसके बाद मनोज ने मन्दिर के गर्भ गृह से कुशासन निकाल कर मन्दिर के बरामदे में बिछा कर लगभग एक घंटे तक पुनः ध्यान लगाने की कोशिश की । दरअसल वह ध्यान कम लगा रहा था बल्कि वह पूर्व में हुए ध्यान अनुभूति में अधिक खोया रहा । उस ध्यानानुभूति का आनन्द हीं कुछ ऐसा था ।

लगभग छः बजे वह उठ कर अपने नित्य कर्मआदि से निवृति के लिए पुजारी के आवास की तरफ बढ़ा ।

" आज आप बहुत प्रफ्फुलित नजर आ रहें हैं और आज आपके चेहरे का तेज भी बढ़ा हुआ है । "नाश्ते के वक्त पुजारी ने मनोज से कहा ।

प्रत्युतर में मनोज सिर्फ मुस्कुरा भर दिया ।

"यहाँ मन्दिर के बरामदे से देखने पर दूर पहाड़ पर बहुत हीं घने जंगल दिखाई देते हैं । देखने पर तो ये नजदीक मालूम पड़ते हैं किन्तु वे यहाँ से कितनी दूरी पर होंगे । आज उन जंगलों की तरफ जाने का मन हो रहा है ।" मनोज ने पुजारी से पूछा ।

" वे यहाँ से ज्यादा दूरी पर नहीं है । लहभग दो ढाई किलोमीटर दूर होंगे । गाँव वाले वहां लकडियाँ लेने, जड़ी बूटी इकठ्ठा करने तथा मवेशियों को चराने जाते हैं । आप चाहे तो वहां घूमने फिरने जा सकते हैं किन्तु शाम को सूर्यास्त के पूर्व लौट आइयेगा । क्योंकि वहां जंगली जानवरों से खतरा हमेशा बना रहता है खास कर तेंदुए और भालू अक्सर यहाँ जंगलों में दिखाई दे जाते हैं । तेंदुए तो कभी कभी गाँवों में भी आ जाते हैं यहाँ के पालतू पशुओं के पीछे पीछे । कभी कभी तेंदुए चराने ले गये पशुओं पर भी आक्रमण कर देते हैं किन्तु यह विरले हीं होता है । चरवाहों के मौजूदगी में वे कम हीं आक्रमण करते हैं । कोई पांच दस साल में एक आध बार कभी कभी ऐसी घटना घट जाती है । "मन्दिर के पुजारी ने मनोज को समझाते हुए कहा ।

मनोज नाश्ते के बाद जंगल तथा पहाड़ों के सैर के लिए निकल गया । जंगल में भ्रमण करते हुए उसे एक अदभुत प्रसन्नता हो रही थी । कल रात्री के ध्यान के बाद उसके अंदर एक अजीब सी स्फुरण महशूश हो रही थी जो अभी भी जारी थी । एक स्वाभाविक प्रसन्नता एक स्वाभाविक आनन्द का अनुभव कर रहा था वह । उसे जंगल के पेड़ पौधों की हरियाली, पहाड़ों पर स्थित चट्टानें, निचे समतल पर फैले हुए छोटे छोटे घास, छोटी छोटी वनस्पतियाँ, पेड़ों पर से आ रही पक्षियों के चहकने की आवाज, पेड़ों के ऊपर से छन छन कर आ रही सूर्य की रश्मियाँ, बगल का बहता हुआ झरना प्रत्येक उसे एक अजीब आनन्द से भर दे रहे थे । उसने इसके पहले भी कई बार जंगलों पहाड़ों की सैर की थी किन्तु यह आनन्द उसके लिए बिलकुल ही नया था।

उसने घने पेड़ के ऊपर एक पीले रंग के चिड़िया को बैठे देखा । वह उसके रंगों में खो गया । उस चिड़िया की पीली चोंच उसके पीले पंख, उस पक्षी के दो प्यारे प्यारे हल्के पीले रंग के पैर । ओह ! उसने इससे पहले पीले रंग को इतनी नजदीकी से नहीं महशूश किया था । वह अतिरेक आनन्द से भर गया । वह वहीं उस जगह एक चट्टान पर पालथी मार कर बैठ गया । वह उस पीले छोटे से पक्षी को पूरी तन्मयता के साथ निहारने लगा । कभी कभी वह पक्षी धीरे से फुद्फुदा कर एक चीं.... की आवाज करती । उसे उस पक्षी का प्रत्येक करतब सुहाना लगने लगा । वह उस पक्षी के पीले रंग में पुनः खो गया । उस पक्षी के पीले रंग में खोए खोए उसकी आँख बंद होने लगी । वह ध्यानस्थ होने लगा । उसका ध्यान स्वतः हीं मूलाधार चक्र पर लग गया । मूलाधार चक्र के अंदर से उसे पीले तेजोमय प्रकाश के निकलने की अनुभूति हुई । उसने देखा मूलाधार चक्र से पीला प्रकाश निकल कर पुरे शरीर में अंदर ऊपर की ओर फैल रहा है । अदभुत अनुभूति थी यह । उसके नथुने में दिव्य सुगंध की अनुभूति हुई । वह काफी देर तक उसी तरह ध्यानस्थ रहा । तभी उसके कानो में कौवे जैसे किसी पक्षी की तेज आवाज सुनाई दी । वह ध्यान से जागा । पेड़ों के उपर उसने देखा कौवे के अकार का एक बहुत हीं सुंदर लाल तथा काले रंगों के मिश्रण वाला पक्षी, जिसकी थोड़ी लम्बी पूंछ थी पेड़ के टहनी पर बैठ कर टें टें की थोड़ी कर्कश ध्वनी निकाल रहा है ।

किन्तु मनोज को उस पक्षी की वह ध्वनी भी बहुत मधुर प्रतीत हो रही थी ।

मनोज चट्टान से उठा और झरने के नजदीक चला आया । बिलकुल कांच की तरह पारदर्शी जल था झरने का । झरने के तल में छोटे छोटे सुंदर पत्थर साफ साफ नजर आ रहे थे । कल कल करता हुआ बह रहा था वह झरना । झरने की आवाज मनोज को बहुत ही मनोहर लगी । मनोज ने अपने अंजुली में झरने के जल को उठा लिया । हिम के सदृश्य ठंढा था वह जल । मनोज ने जल की ऐसी शीतलता पहले कभी महशूश नहीं की थी । जैसे जल में व्याप्त वह शीतलता उसके हाथ और उसके स्पर्शेन्द्रिय (त्वचा) के माध्यम से उसके अंदर प्रवेश कर रहा हो । मनोज ने थोड़े से जल के छींटे अपने चेहरे और आँखों पर भी मारे । फिर उसने अंजुली से भर कर जी भर कर जल पीया । अदभुत तृप्ति महशूश कर रहा था वह ।

शाम होने को आई थी मनोज अब लौटने का मन बना रहा था । किन्तु उसे लौटने का मन नहीं कर रहा था फिर उसे मन्दिर के पुजारी के बात का भी स्मरण था । वह लौट चला । लौटने के क्रम में कुछ दूर चलते ही उसे एक विशाल बरगद का पेड़ दिखाई दिया । वह पूरी तन्मयता से उस पेड़ को देख रहा था । बरगद के पेड़ पर पक्षियों का शाम के समय का कलरव सुनाई दे रहा था । जंगल के अधिकाँश पक्षियों का रात्री आवास था वह बरगद का पेड़ । अचानक उसे बरगद के पेड़ के शीर्ष पर एक मानवीय पारदर्शी आकृति दिखाई दी । जैसे बरगद के पेड़ के शीर्ष पर शून्य में बिना किसी आधार के कोई मानवीय पारदर्शी आकृति खड़ी हो । वह आकृति किसी साधु की प्रतीत हो रही थी । उसने खड़े हो कर अपनी आँखों को बार बार मींचते हुए उस आकृति को देखने लगा । सहसा उसे अपने आँखों पर विश्वाश नहीं हो पा रहा था । वह मानवीय आकृति क्या थी उसके मन में प्रश्न कौंध गया । वह उस पारदर्शी मानवीय आकृति को और नजदीक से देखने की चाहत में पेड़ के नजदीक बढ़ चला । वह पेड़ के निकट था । वह पेड़ के चारो तरफ घूम घूम कर पेड़ के शीर्ष के तरफ देख रहा था । किन्तु अब उसे कोई आकृति नजर नहीं आ रही थी । वह बिलकुल विस्मित था । वह मन ही मन सोचने लगा कल रात्री मन्दिर के अंदर ध्यान के बाद से अजीब अजीब अनुभूतियाँ हो रही हैं, पता नहीं

यह किस बात के संकेत हैं । वह थोड़ी देर और प्रयास करता रहा शायद वह पारदर्शी आकृति पुनः दिखाई दे जाए । किन्तु उसे वह आकृति नहीं दिखाई दी । शाम और भी घिरने लगी बहुत हल्का हल्का सा अँधेरा भी छाने लगा था , और उसे लौटने की जल्दी भी थी । अतः अब वह आकृति को ढूंढने और देखने के सारे प्रयास छोड़ कर लौटना ही उचित समझा । लौटते हुए कुछ दूर चलने पर उसने पीछे मुड़ कर उस बरगद के पेड़ के शीर्ष पर पुनः अपनी दृष्टि डाली । वह पारदर्शी आकृति अब भी पेड़ के शीर्ष पर मौजूद थी जैसे शीशे से बना हुआ कोई संत बरगद के पेड़ के शीर्ष पर खड़ा हो ।

मन्दिर में आरती की तैयारी चल रही थी । मनोज जंगल पहाड़ों से लौट आया था और मन्दिर के बरामदे में बैठा हुआ था । थोड़ी देर बाद मन्दिर की आरती शुरू हुई । मनोज मन्दिर के आरती में सम्मिलित हुआ । आज उसे मन्दिर की यह आरती एक अलग ही आनन्द दे रही थी । घंटी की टन टन की आवाज, नगाड़ों का ढम ढम का थाप, वह ॐ जय शिव ओमकारा... का लोगों के द्वारा सामूहिक गान । मनोज को यह सारा हीं एक विशेष आनन्द दे रहा था । आनन्द उसके अंग अंग से छलक रहा था । आज उसने अपनी पूरी तन्मयता से ॐ जय शिव ओमकारा का गान किया था खूब झूम झूम, और नाच नाच कर । मन्दिर के पुजारी और वहां उपस्थित गाँव के सारे लोग यह देख कर दंग थे । सभी के चेहरे पर आनन्द भरी मुस्कुराहट थी ।

मनोज रात्री भोजन के हेतु पुजारी के घर पर था । उसने जंगल में देखे बरगद के पेड़ के शीर्ष पर पारदर्शी मानवीय साधू की आकृति के बारे में पुजारी से जिक्र किया तथा जिज्ञासा जाहिर की । मन्दिर के पुजारी ने एक भरी मुस्कुराहट के साथ मनोज से कहा " यह दिव्य देव भूमि उत्तराखंड है साहब यहाँ इस तरह की आलौकिक घटनाएँ आम है । आए दिन लोगों को इस दिव्य भूमि में अनेकों अनेक आलौकिक घटनाओं से सम्बंधित अनुभव अनेको बार होते हीं रहते हैं । इसलिए ऐसी घटनाओं से हैरान न हों और प्रतीक्षा करें आगे क्या होता है । "

मनोज रात्री भोजन के बाद पुजारी के निवास से मन्दिर में आ गया था । वह मन्दिर के बरामदे में बैठा हुआ था और थोड़ी देर बाद मन्दिर के

गर्भ गृह में ध्यान लगाने की सोच रहा था । उसकी निगाहें सामने पहाड़ों जंगलों की तरफ कहीं शून्य में स्थित थी । जहाँ अब घुप्प अँधेरा था । वह अनुमान लगा रहा था तथा सोच रहा था जंगल में वहीं कहीं था वह बरगद का पेड़ जिसके शीर्ष पर वह पारदर्शी मानवीय साधु की आकृति दिखाई दी थी । उसके उस पारदर्शी आकृति के स्मरण करते ही दूर अँधेरे में जहाँ वे पहाड़ और जंगल स्थित थे । एक बहुत ही छोटा प्रकाश बिंदु नजर आया । वह प्रकाश बिंदु किसी तारे की तरह टिमटिमा रहा था । बिलकुल श्वेत चांदी की तरह प्रकाश निकल रहा था उस प्रकाश बिंदु से। वह प्रकाश बिंदु दूर पर ही थोड़ी दूर दायें जाता था फिर लौट कर बाएं अपने स्थान पर स्थित हो जाता । वह प्रकाश बिंदु कुछ उपर जाता फिर निचे लौट कर अपने स्थान पर स्थित हो जाता । मनोज थोड़ी देर तो उस प्रकाश बिंदु को अचम्भे के साथ देखता रहा फिर उसने सोचा होगा कोई जुगनू वगैरह की तरह की कोई चीज । मनोज ने उस प्रकाश बिंदु पर अपना ज्यादा दिमाग लगाना उचित नहीं समझा ।

अब वह मन्दिर का दरवाजा खोल कर मन्दिर के गर्भगृह में प्रवेश कर चुका था । उसने वहीं रखा हुआ कुशासन उठाया और उसे शिव लिंग से तीन चार फुट की दूरी पर बिछा कर बैठ गया । चूहे पहले की तरह अपने कार्य में मशगूल थे । सर्प वहाँ नहीं था । वह निरंतर ध्यान लगाने की कोशिश कर रहा था किन्तु ध्यान लग नहीं रहा था । वह इसी तरह लगभग एक घंटे तक ध्यान लगाने की कोशिश करता रहा किन्तु असफल रहा । उसके दिमाग में अभी तक हुए पूर्व के ध्यान अनुभव ही विचारों के रूप में आ रहे थे । मन्दिर में मात्र एक घी का दीपक जल रहा था । जिसका बिलकुल ही मद्धिम प्रकाश मन्दिर के गर्भ गृह में फैला हुआ था । ध्यान न लगता देख कर मनोज ने अपनी आँखें खोल दी । तभी उसकी नजर सामने स्थापित शिव लिंग पर पड़ी । उसने देखा जैसा प्रकाश बिंदु उसने बाहर जंगल, पहाड़ों पर अँधेरे में देखा था । ठीक वैसा हीं प्रकाश बिंदु शिव लिंग के शीर्ष पर चमक रहा था । उसने आश्चर्य से दो तीन बार अपने हाथों के हथेलियों से अपनी आँखों को मीचा । उसने सोचा शायद यह कोई भ्रम की स्थिति है। उसके मन में यह विचार आया की शायद उसने जो बाहर अँधेरे में पहाड़ों, जंगलों के बीच जो प्रकाश बिंदु

देखा था, शायद उसी के कारण भ्रम से या कोई काल्पनिक विम्ब शिव लिंग पर बन रही है । उसके मन में यह विचार चल ही रहा था , तभी उसने देखा शिवलिंग के शीर्ष पर स्थित उस प्रकाश बिंदु की आकृति बढ़ रही है। वह और भी विस्मित हुआ । कुछ ही क्षणों में शिवलिंग के शीर्ष पर उपर उठती हुई एक श्वेत पारदर्शी प्रकाश विम्ब प्रकट हो गयी । जो मन्दिर के अंदर के शीर्ष को स्पर्श कर रही थी । ऐसा लग रहा था जैसे शिवलिंग के शीर्ष से मन्दिर के उपर के शीर्ष तक जहाँ घंटी बंधी होती है एक पारदर्शी श्वेत प्रकाश की ट्यूब लाइट जल रही है । अंतर इतना था इस प्रकाश विम्ब में प्रकाश अपने आकार तक ही सिमित था फैल नहीं रहा था । शेष मन्दिर के गर्भ गृह में दीपक का ही प्रकाश फैला हुआ था इस प्रकट हुए प्रकाश विम्ब का प्रकाश नहीं । प्रकाश विम्ब की गोलाई ट्यूब लाइट के बराबर ही थी । मनोज के अंदर चल रहे सारे विचार अब गायब हो चुके थे । मनोज के अंदर आश्चर्य के साथ हल्का सा डर भी उभर कर आ गया इस प्रकाश विम्ब को देख कर । इस प्रकट हुए प्रकाश विम्ब के अकार में अब थोडा परिवर्तन होने लगा । प्रकाश विम्ब की गोलाई बढ़ने लगी। बढ़ते बढ़ते तीन फुट व्यास की गोलाई हो गयी । ऐसा प्रतीत हो रहा था जैसे शिव लिंग के शीर्ष से मन्दिर के शीर्ष तक कोई तीन फुट व्यास वाला मोटा सा चांदी के समान प्रकाशित श्वेत पारदर्शी पाइप खड़ा हो लम्बवत। इस प्रकाश पुंज के अंदर दीपक से उठ रहे हल्के धुंवे भी साफ तैरते हुए नजर आ रहे थे । वह सिर्फ आश्चर्य के भाव से इस प्रकाश पुंज को निहार रहा था जडवत । तभी उसने देखा उस प्रकाश पुंज के अंदर एक और प्रकाश बिंदु प्रकट हुई और बढ़ने लगी । उस प्रकाश बिंदु ने बढ़ते बढ़ते एक पारदर्शी मानवीय आकार ग्रहण कर लिया । जो किसी लम्बी जटाओं और बढे हुए दाढ़ियों वाले एक प्राचीन ऋषि संत का प्रतीत हो रहा था ।

- " मन में ढेर सारे सवाल तैर रहे हैं ? " उस प्रकट हुई प्रकाशीय आकृति से एक गूंजती हुई हल्की आवाज आई ।

मनोज अब सजग हो चुका था । उसने आवाज के प्रत्युतर में कोई प्रतिक्रिया या जबाब नहीं दिया । मनोज मौन ही रहा ।

" ध्यान से मन शांत होने लगता है और जब कोई विचार नहीं रहता तब वह अवस्था सविकल्प समाधि की अवस्था होती है जिसका स्वाद तुमने पिछले दिनों चखा है । " यह आवाज उस पारदर्शी आकृति से आती हुई प्रतीत हुई ।

अब मनोज थोडा और सजग हो गया । उसके अंदर से भय निकल चुका था । वह उस पारदर्शी ऋषि के आकृति से एक जुड़ाव, एक आत्मीयता महशूश कर रहा था ।

" जन्म जन्म के संचित पुण्यों से ईश्वर में लगन लगता है । तुम्हारे पूर्व के संचित कर्मों के पुण्य प्रबल हैं । " आवाज फिर गूंजी ।

अब मनोज ने थोडा हिम्मत कर के प्रश्न किया । " आप कौन हैं ? "

" सवाल यह नहीं की मैं कौन हूँ ? बल्कि स्वयं से यह पूछो कि तुम कौन हो ? और हाँ यह सवाल निरंतर अपने मन में गूंजनी चाहिए जब तक स्वयं के भीतर से ही जबाब न आ जाए । बोलो क्या तुम्हें मालूम है की तुम कौन हो ? ध्यान रहे मैं तुम्हारे नाम, पद, जाती, धर्म या इस शरीर आदि के बारे में नहीं पूछ रहा बल्कि तुम्हारे वास्तविक स्वरुप के बारे में पूछ रहा हूँ । बोलो है कोई उतर तुम्हारे अंदर ? " उस मानवीय आकृति से आवाज आई ।

" मैं आपके पूछने का आशय समझ रहा हूँ । कभी कभी ये प्रश्न मेरे अंदर स्वयं ही गूँज जाता है । बार बार मेरे मन में यह सवाल उठता है की मैं कौन हूँ ? किन्तु इसका कोई उतर नहीं मिलता । मनोज ने जबाब दिया ।

" उतर ढूढने के क्रम में तुम्हें अभी एक लम्बी अध्यात्मिक यात्रा करनी होगी । बोलो क्या तुम इसके लिए तैयार हो ? " उस पारदर्शी आकृति ने मनोज से प्रश्न किया ।

" जी मैं तैयार हूँ । किन्तु मेरे ऊपर अभी पारिवारिक दायित्व भी है । मनोज ने जबाब दिया ।

" इससे तुम्हारे पारिवारिक दायित्व में जरा सी भी बाधा नहीं आएगी तुम इसकी चिंता मत करो । तुमने जो अपने दफ्तर से छुट्टी ले रखी है उसमे से ढेरो छुट्टियां अभी शेष बची हुई है । तुम यहाँ से सीधे गंगोत्री पहुँचो । " यह कह कर वह आकृति तथा वह पाइपनुमा प्रकाश पुंज सिमट

कर मात्र एक प्रकाश बिंदु रह गया जो सामने स्थित शिव लिंग के ऊपर टिमटिमा रहा था । वह प्रकाश बिंदु शिव लिंग के शीर्ष से उठ कर तेजी से मनोज के हृदय स्थान में समा गया ।

उस प्रकाश बिंदु के मनोज के हृदय में समाते ही मनोज पुनः ध्यानस्थ हो गया ।

मनोज का जब ध्यान खुला तो वह मन्दिर के बाहर आया । उसने देखा सूर्य देवता आसमान में काफी उपर तक चढ़ आए हैं । वह समय का अनुमान लगाने लगा और पुजारी के घर की तरफ बढ़ चला ।

मन्दिर के पुजारी अपने घर के बरामदे में एक खाट पर बैठे हुए थे । वे मनोज को देखते ही मुस्कुराए ।

" अभी कितना समय हुआ है ? " मनोज ने पुजारी से पूछा ।

" यही कोई ग्यारह बजे होंगे । आज तो आप बहुत ही गहरी ध्यानावस्था में थे । मैंने आपको कई बार हिला कर ध्यान से जगाने की कोशीश की किन्तु जब आप नहीं जगे तो उसी अवस्था में छोड़ दिया । यहाँ तक की मैंने मन्दिर का पूरा फर्श धोया आप बैठी हुई अवस्था में निचे भीग गए थे फिर भी आप नहीं जगे । मन्दिर में आरती हुई घंटियां नगाड़े बजे फिर भी आप ध्यान से नहीं जगे । फिर मैं मन्दिर की आरती वगैरह पूर्ण करने के बाद यहाँ चला आया । शायद बहुत ही गहन ध्यान में थे आप । "

मनोज ने रात में घटी घटना के बारे में मन्दिर के पुजारी को सारी बात बताई । तथा वहां से गंगोत्री जाने की इच्छा भी जताई ।

" आप गंगोत्री अवश्य जाइए । वास्तव में आपके इस जन्म तथा पूर्व जन्म के बहुत अधिक पुण्य ही हैं, जो आपको ऐसे अनुभव हुए । और एक दिव्य शक्ति के द्वारा ऐसा आमन्त्रण मिला । " पुजारी ने कहा ।

मन्दिर का पुजारी तथा मनोज दोनों गंगोत्री जाने वाले मुख्य सडक पर स्थित गाँव के बस अड्डे पर एक चाय की दूकान पर बैठे हुए थे । तथा गंगोत्री जाने वाले किसी वाहन का इन्तजार कर रहे थे ।

मन्दिर के पुजारी ने पॉकेट से पांच पांच सौ रूपये के दो नोट निकाल कर मनोज को देने की कोशिश करते हुए कहा ।

" मुझे दिव्य शक्ति के द्वारा आपके आने के पूर्व ही आपके लिए सारी व्यवस्था करने का आदेश मिल चुका था । तथा आपको कुछ भी जाहिर करने की मनाही थी । गोपनीयता प्रकट न हो जाए इसलिए, मैंने आपसे उस समय यह धन राशि स्वीकार कर ली थी । मैंने यह सोचते हुए यह राशि रख ली थी की बाद में आपको वापस कर दूंगा । इसे अब आप रख लें । "

किन्तु मनोज ने वह राशि लेने से मना कर दिया । मन्दिर के पुजारी ने तरह तरह से समझाते हुए उसे वह राशि लौटाने की कोशिश की । किन्तु उसने वह राशि वापस नहीं ली और अंत में कहा ।

"अगर आप यह राशि नहीं रख सकते तो इसे मन्दिर के पूजा आरती आदि कार्यों में लगा दीजियेगा ।"

पुजारी को अंततः वह राशि रखनी ही पड़ी ।

गंगोत्री जाने के लिए एक छोटा वाहन वहां आकर रुका । मनोज उसमे सवार हो गया और गंगोत्री के लिए रवाना हो गया । गंगोत्री आने पर वह वहां उतर गया ।

मनोज अब गंगोत्री में था । अनेको अनेक अध्यात्मिक रहस्य उसका इन्तजार कर रहे थे ।

৩

2
रहस्यमयी संगीत के ध्वनिलोक में

मनोज ने सर्वप्रथम वहीँ कलकल करती बहती हुई निर्मल गंगा में स्नान किया । स्फटिक की भाँती पारदर्शी, बर्फ की तरह ठंढा था वह स्वच्छ निर्मल माँ गंगा का जल । अजीब पवित्रता और ताजगी का

अहसास हो रहा था उसे । साथ ही उसका शरीर ठंढ भी महशूश कर रहा था । मनोज ने स्नान के बाद वहीं स्थित माँ गंगा के मन्दिर में माता गंगा के विग्रह के दर्शन भी किए । मनोज माँ गंगा के मन्दिर परिसर में एक तरफ बैठ कर कुछ चिन्तन कर रहा था । उसकी दृष्टि आकाश की तरफ शून्य में थी । तभी उसने आकाश में बहुत हीं तेज प्रकाश पुंज देखा । वह प्रकाश पुंज पीले रंग का था जो प्रकट हो कर कुछ ही सेकंड में आकाश में ही विलीन हो गया । मनोज अब उस प्रकाश पुंज को देख कर आश्चर्यचकित नहीं था बल्कि उसके चेहरे पर एक मुस्कुराहट खिंच आई थी ।

मनोज लगभग चार पांच घंटे उसी मन्दिर परिसर में बैठा रहा । वहां मन्दिर परिसर में अनेको श्रद्धालु तथा विभिन्न संत महात्मा माता गंगा के विग्रह का दर्शन करने के लिए आ जा रहे थे । मनोज वहीं मन्दिर के अहाते में मन्दिर के चहारदीवारी के एक दिवार से पीठ टिका कर बैठे हुए इन लोगों को कुतूहलता से देख रहा था । कभी झर झर बहती हुई माँ गंगा को एक टक दृष्टि से काफी देर तक निहारता और कल कल करती हुई माँ गंगा के निनाद को सुनता । शाम घिरने लगी थी । हालाकि गर्मी का मौसम था किन्तु गंगोत्री में वह वहां शाम को थोडा थोडा ठंढक महशूश कर रहा था । मनोज को कुछ समझ में नहीं आ रहा था की अब वह क्या करे । उस दिव्य प्रकाश पुंज के अंदर पारदर्शी संतनुमा आकृति से तो यहीं गंगोत्री आने का निर्देश प्राप्त हुआ था । मनोज के मन में द्वंद चल रहा था । वह मन ही मन सोच रहा था क्या उस शिव मन्दिर में जो अनुभूतियाँ प्राप्त हुई थी वह मेरे मन का भ्रम मात्र था या उनमे कुछ वास्तविकता भी थी । उसके मन में लगातार चल रहा था क्या उसने अभी अभी जो प्रकाश पुंज आकाश में देखा था वह भी एक भ्रम ही था ।

उसके कानो में घंटे तथा नगाड़े की आवाज सुनाई दी । उसने देखा माँ गंगा के मन्दिर में आरती शुरू हो चुकी है । वह उठ कर मन्दिर के आरती में शामिल हुआ । आरती समाप्त हुई । अब अँधेरा भी घिर आया था । धीरे धीरे मन्दिर परिसर खाली होने लगा था । अब इके दुके लोग ही मन्दिर परिसर में नजर आ रहे थे । मनोज आरती के बाद अपने पूर्व की जगह पर ही जा कर बैठ गया था । उसे कुछ समझ में नही आ रहा

था की वह क्या करे । उसने सोचा मन्दिर परिसर मे ही रात गुजार लूंगा किन्तु ठंढ धीरे धीरे अपना रूप दिखा रहा था । तभी उसने अपनी तरफ कुर्ता धोती पहने, ललाट पर चन्दन लगाये सिर पर शिखा रखे हुए एक व्यक्ति को अपनी तरफ आते हुए देखा । वह व्यक्ति उसके निकट आया और बोला ।

"आपको काफी देर से यहाँ बैठे हुए देख रहा हूँ लगता है आप किसी का इन्तजार कर रहे हैं । आप यहाँ कहाँ किस आश्रम में ठहरे हुए हैं । "

"मैं यहाँ गंगोत्री में आज ही आया हूँ । अध्यात्मिक अनुभूति की चाहत मुझे यहाँ खीच लाई है । किसी के निर्देश पर मैं यहाँ आया हूँ । यहाँ गंगोत्री में मैं पहली बार आया हूँ । यहाँ रहने ठहरने आदि का अनुभव मुझे नहीं है । मैं यहीं मन्दिर परिसर में रात्री गुजारने की सोच रहा हूँ । आप कौन हैं ? " मनोज ने पंडित जैसे दिखने वाले उस व्यक्ति से पूछा ।

"मैं इस गंगा माता मन्दिर के मुख्य पुजारी का छोटा भाई हूँ । आप यहाँ इस मन्दिर परिसर में रात्री नहीं गुजार सकते । अभी इस वक्त जितनी ठंढ यहाँ आप महशूश कर रहे हैं इससे कई गुणा अधिक ठंढ देर रात्री में यहाँ बढ़ जायेगी । यहाँ किसी भी मौसम में खुले आकाश के निचे कोई भी आम आदमी रात्री नहीं गुजार सकता, सिर्फ कुछ गिने चुने सिद्ध संतों के सिवा । सामने जहाँ कुछ बतियाँ जलती हुई आपको दिखाई पड़ रही हैं वह एक आश्रम है । आप जैसे यात्रियों के लिए ठहरने की व्यवस्था वहां होती है । वहां कुछ शुल्क आदि देने पर कम्बल वगैरह की भी व्यवस्था हो जाती है । आप वहीं उस आश्रम में चले जाएँ ईश्वर ने चाहा तो कोई न कोई व्यवस्था आपके लिए भी हो जायेगी । वहां आश्रम के डोरमेट्री में काफी स्थान होता है । वहां आपकी व्यवस्था अवश्य हो जायेगी । " उस पंडित जैसे दिखने वाले व्यक्ति ने उससे कहा ।

"मैं यहाँ बिलकुल नया हूँ । रात्री भी हो चुकी है । क्या आप इस मामले में मेरी थोड़ी मदद कर सकते हैं मुझे केवल उस आश्रम तक ले कर चल सकते हैं ? आपकी बहुत कृपा होगी ।"मनोज ने आग्रह पूर्वक उस पंडित से कहा ।

"अच्छा आप थोड़ी देर यहीं रुकिए मैं दस मिनट में आया । " ऐसा कह कर वह पंडित वहां से मन्दिर की तरफ चला गया ।

दोनों गंगा माता मन्दिर से कुछ दूरी पर स्थित उस आश्रम में मौजूद थे । पंडित ने कमरा दिलाने में मनोज की मदद की । आश्रम के व्यवस्थापक ने मनोज से उसका ID माँगा । ID देखने के बाद संतुष्ट होने पर कुछ शुल्क जमा करने के पश्चात आश्रम के व्यवस्थापक ने उसे एक कमरा दे दिया । कुछ और अतिरिक्त शुल्क देने पर कम्बल की भी व्यवस्था हो गयी । मनोज ने वह रात्री उस आश्रम के एक कक्ष में ही बिताया ।

सुबह जल्द ही उसकी नींद खुल चुकी थी । बाहर काफी ठंढक थी । चुकी गंगोत्री आने की उसकी कोई योजना नहीं थी इसलिए उसने अपने साथ कोई गर्म कपडे नहीं लाये थे । वह उस ठंढ में भी हिम्मत कर के कमरे के बाहर बरामदे में आया । सुबह सुबह बाहर का दृश्य ही कुछ ऐसा दिव्य आलौकिक था । चारो तरफ विभिन्न वनस्पतियों, फूलों आदि की खुशबू बिखरी हुई थी । बस कुछ ही देर में सूर्योदय होने वाला था । वह बाहर उस सुबह का नजारा देख कर दंग था । उस आश्रम से दूरी पर बर्फ से ढकी पर्वतों की चोटियाँ नजर आ रही थी । सुबह सुबह सूर्य की प्रथम किरणों में नहाई वे चोटियाँ ऐसी दिख रही थी जैसे उन्हें नारंगी और गहरे लाल रंग से पोत दिया गया हो । ऐसा प्रतीत हो रहा था जैसे उस पर्वत के रूप में गेरुआ वस्त्र पहन कर कोई प्राचीन मनीषी खड़े हो कर तपस्या कर रहे हों । थोड़ी ही देर के बाद उन बर्फ से ढके पर्वत शिखरों का रंग बदल कर बिलकुल सोने के जैसा सुनहला हो गया । ऐसा मालूम हो रहा था जैसे सोने के पर्वत खड़े हो कर भारत की समृद्धता का अहसास दिला रहे हों । उस अभूतपूर्व सुबह को देख कर अदभुत आनन्द के सागर में गोते लगा रहा था मनोज ।

नित्य कर्म वगैरह से निपटने के बाद इस कंपकंपा देने वाले सुबह में स्नान करने की उसकी तनिक भी इच्छा नहीं थी । ऐसी सर्द सुबह में उसके अंदर गर्मागर्म चाय पिने की इच्छा अवश्य जाग आई थी । किन्तु आश्रम में चाय की कोई व्यवस्था नहीं थी ।

सुबह के नौ बज रहे थे । वह आश्रम से निकल कर पुनः गंगा माता के मन्दिर परिसर में आ गया । मन्दिर में सुबह की आरती समाप्त हो चुकी थी । उसकी नजर उसी रात्री वाले पंडित जी पर पड़ी । पंडित जी कुछ

व्यस्त नजर आ रहे थे । उन्होंने मनोज को देखते ही मुस्कुराते हुए पूछा " रात्री को कोई कष्ट वगैरह तो नहीं हुआ आपको । कैसी गुजरी आपकी रात्री ?"

"रात्री काफी सुखद रही । यह आपके मदद के कारण ही संभव हुआ, आपका बहुत बहुत धन्यवाद रात्री में मदद हेतु । वर्ना मैं सुबह में इसी मन्दिर परिसर में ठंढ से अकडा हुआ आपको बेहोश या मृत मिलता । " मनोज ने हँसते हुए कहा ।

"इसमें धन्यवाद देने जैसी कोई बात नहीं । यह तो हमारे जैसे स्थानीय निवासियों का फर्ज है आप जैसे बाहर से आए हुए आगंतुकों का मदद करना । " कहते हुए पंडित जी मन्दिर की तरफ चले गए ।

कल से गंगोत्री आने के बाद मनोज ने सिर्फ मन्दिर से मिला हुआ प्रसाद ही ग्रहण किया था । उसे मन्दिर से थोड़ी दूरी पर सडक के किनारे एक होटल नजर आया जो प्लास्टिक वगैरह से बांस आदि के सहारे घेर कर बनाया गया था । होटल में स्थित चूल्हे की भट्टी पर चाय की केतली चढ़ी हुई थी जिसमे से गर्मागर्म भाप निकल रहा था । जिसे देख कर मनोज अपने आप को रोक नही पाया और होटल में पहुँच कर सबसे पहले चाय की मांग की । होटल की मालकिन एक बुढिया माई थी जिसने मनोज को कांच के ग्लास में ला कर चाय दी । होटल में सिर्फ चाय ही उपलब्ध था । मनोज ने कुछ खाने की वस्तु की इच्छा जताई, तो उस बुढ़िया माता ने बताया यहाँ बिक्री कम होने के कारण पहले से तैयार कर के कोई भी खाद्य पदार्थ नहीं रखा जाता । अगर कोई वहां आने के बाद आर्डर करे तो उसे वहां उपलब्ध खाद्य पदार्थ वगैरह तैयार कर के दिया जाता है । मनोज ने वहां रखा एक बिस्कुट का पैकेट और एक कप और चाय की इच्छा जताई । बिस्कुट और चाय खत्म करने के बाद मनोज पुनः मन्दिर परिसर में आ गया । सुबह के लगभग दस साढ़े दस बज रहे होंगे । मन्दिर परिसर में आने के बाद मनोज को बहती हुई गंगा माता के किनारे बैठने की इच्छा हुई । वह मन्दिर परिसर से निकल कर गंगा के किनारे एक चट्टान पर जा कर बैठ गया । और कलकल करती हुई गंगा के बहते हुए निर्मल और पवित्र जल को निहारने लगा ।

उसका मन गंगा के बहते हुए पवित्र जल में लीन हो चुका था । तभी उसे अपने पीछे से कंधे पर किसी के थपथपाते हुए हाथ महशूश हुए । वह पीछे मुड़ कर देखा । पीछे एक नौजवान सन्यासी खड़े थे जिनके सिर के बाल और दाढ़ी बिलकुल भौंरे के समान काले थे । उनकी अवस्था पचीस से तीस वर्ष मालूम होती थी । मनोज प्रश्नचिन्ह दृष्टि से उन्हें देखने लगा । सन्यासी ने उसे अपने पीछे आने को कहा ।

"यहाँ से बीस, बाईस किलोमीटर और उपर हमे चलना है । काफी दुर्गम चढ़ाई है । आप इसके लिए तैयार हैं ना ?" सन्यासी ने मुस्कुराते हुए मनोज से पूछा ।

मनोज ने उस सन्यासी से उनके बारे में कुछ जानना चाहा किन्तु सन्यासी ने उसे बोलने से पहले ही रोक दिया और कहा । " मुझे आपके बारे में सब मालूम है । आप सिर्फ मेरे पीछे पीछे चलते रहें । "

"मेरा सारा समान वस्त्र इत्यादि यहीं पास के एक धर्मशाला के कमरे में है जहां मैं रात्री को ठहरा था । अगर आप इजाजत दें तो मैं दस से पन्द्रह मिनट में अपने सामान ले कर आपके सामने उपस्थित होता हूँ । " मनोज बोल पड़ा ।

" हाँ हाँ बिलकुल आप अपने समान ले कर आयें । मैं यहीं आपका इन्तजार करता हूँ । " सन्यासी ने कहा ।

थोड़ी देर में मनोज अपना बैग पीठ पर टाँगे जिसमे उसका सारा समान वस्त्र इत्यादि था ले कर सन्यासी के सामने उपस्थित था । अब मनोज यंत्रवत उस सन्यासी के पीछे पीछे चल पड़ा ।

लगभग एक डेढ़ किलोमीटर की चढ़ाई चढ़ते ही मनोज की हालत खराब होने लगी । उसका दम फूलने लगा । वह रुक कर थोड़ा विश्राम करना चाह रहा था ।

तभी आगे आगे चलते हुए वह सन्यासी रुक कर एक पौधे की ओर ईशारा करते हुए बोल पड़े ।

" वह वन तुलसी का पौधा है । यह यहाँ हिमालय में बहुतायत मात्रा में उपलब्ध है । हम जिस तरह की पगडण्डी पर चल रहे हैं ऐसे पगडंडियों के किनारे किनारे भी यह पौधा काफी मात्रा में उपलब्ध है । प्रकृति ने हम जैसे पथिकों के लिए ही यह व्यवस्था कर रखी है । " सन्यासी ने

मुस्कुराते हुए कहा ।

" आप उन वन तुलसी के पौधों से कुछ पतियों को तोड़ कर अपने पास रख लें । दरअसल हिमालय में उंचाई पर ऑक्सिजन की कमी होती है इसलिए चढ़ाई पर चलते हुए दम फूलने लगता है । हालाकि यहाँ रहते रहते हम इसके लिए अभ्यस्त हो जाते हैं । कुछ दिन यहाँ रहने पर इस तरह की परेशानियों का सामना नहीं करना पड़ता । जब कभी आपका दम फूलने लगे तब इन पतियों को चुटकी में या हथेली पर मसल कर सूंघे । इससे ऑक्सिजन की कमी महशूश नहीं होगी तथा थकान भी कम महशूश होगा । दम फूलने से राहत मिलेगी । " उस सन्यासी ने मनोज को समझाते हुए कहा ।

मनोज अपने पास तोड़ कर रखी हुई वन तुलसी की कुछ पतियों को चुटकी में मसल कर सूंघने लगा । उन्हें सूंघते ही उसे काफी राहत महशूश हुई । वह अब बिना किसी परेशानी के चढ़ाई पर चल पा रहा था ।

दोनों आनन्द पूर्वक पगडण्डी पर पर्वत के उपरी भाग की ओर चले जा रहे थे । पगडण्डी के बगल से ही खाई से होती हुई चट्टानों, पत्थरों के उपर से माँ गंगा भीषण निनाद करती हुई तेजी से मैदानों की तरफ दौड़ रही थी । रास्ते के किनारे किनारे छोटे छोटे पौधे, वनस्पतियाँ अनेको प्रकार की जड़ी बूटियाँ काफी मात्र में फैले हुए थे । बहुत ही दिव्य नजारा था चारो तरफ । रास्ते में चलते हुए मनोज ने पहाड़ों में बने हुए कई गुफाएं भी देखी जिसमे कई साधू संत निवास कर रहे थे ।

लगभग इक्कीस, बाईस किलोमीटर की चढ़ाई चढने के बाद पर्वत के चोटी वाले भाग पर अब सपाट मैदान दिखाई दे रहा था। जहां बहुत छोटी छोटी वनस्पतियाँ उगी हुई थी । फिर भी वह मैदानी क्षेत्र अधिकांश उजाड़ ही था । वनस्पतियाँ बहुत छिटपुट ही उगी हुई थी । वह मैदानी भाग दो तरफ से बहुत ही ऊँचे पर्वतों से घिरा हुआ था ।

शाम के पांच बज रहे होंगे । दोनों मैदानी भाग पर चले जा रहे थे । चलते चलते मनोज की हालत खराब जान पड़ रही थी । वहां से लगभग आधे किलोमीटर पर एक पर्वत नजर आ रहा था । उस सन्यासी ने उस पर्वत की ओर इंगित करते हुए मनोज से कहा ।

" हमें उस पर्वत तक जाना है । "

मनोज ने थोड़ी राहत की सांस ली । दोनों पर्वत के निकट पहुँच चुके थे । बिलकुल ही सुनसान स्थान था वह । किन्तु वहां की दिव्य मनोरम छटा देखते ही बनती थी । दोनो तरफ से घिरी पर्वत श्रीन्खलायें, सामने मैदानी भाग । बहुत दूर दृष्टि दौड़ाने पर भव्य पर्वत श्रीन्खलायें नजर आ रही थी । ऊपर नीला आसमान, आसमान में कहीं कहीं छोटे छोटे सफेद बादल के टुकड़े तैरते हुए नजर आ रहे थे ।

दोनों पर्वत में स्थित एक गुफा के सामने मौजूद थे । दूर से देखने पर वह गुफा कहीं दिखाई नही पड़ता था । झाड़ियों आदि से ढका हुआ था उस गुफा का प्रवेश द्वार ।

उस सन्यासी ने गुफा के मुख के सामने से झाड़ियो को हटाया और गुफा के अंदर प्रवेश करते हुए मनोज को भी भीतर आने को कहा ।

गुफा में दो कक्ष थे । एक बाहरी कक्ष और और दूसरा एक और कक्ष जो बाहरी कक्ष से अंदर ही अंदर एक दरवाजे से जुड़ा हुआ था । गुफा के दिवार से सट कर चारो तरफ घेरते हुए बैठने या सोने के लिए जमीन से तीन चार फुट उंचा, और लगभग ढाई तीन फुट चैड़ा मिटटी का बेंच नुमा आकृति का निर्माण किया गया था । उस बेंच नुमा आसन पर कोई भी गुफा की दिवार से पीठ टिका कर बैठ सकता था । चाहे तो सो भी सकता था । उस आसन पर कम्बल बिछाया हुआ था । गुफा के दिवार पर कुछ तांत्रिक आकृतियाँ उकेरी हुई थी । गुफा का बाहरी कक्ष बाहर से आती हुई प्रकाश से प्रकाशित था । गुफा के मुख को अंदर से बंद करने के लिए लकड़ी का ही एक पांच बाई पांच का ढांचा निर्मित किया गया था । जो बगल में गुफा की दिवार से सटा कर रखा गया था । जब गुफा के मुख को बंद करना होता उस लकड़ी के ढाचे को जो हल्का था उठा कर गुफा के मुख के सामने रख दिया जाता । और अंदर से गुफा के दीवारों में ठोकी हुई किलों में रस्सी से बाँध दिया जाता । जिससे बाहर से धक्का देने पर भी लकड़ी का वह काम चलाऊ दरवाजा अंदर की तरफ गिरता नहीं था । गुफा के उस बाहरी कक्ष के मध्य में एक हवनकुंड बना हुआ था । जिसमे अग्नि प्रज्वलित थी । लाल तप्त अग्नि । हवनकुंड से धुंवा नही उठ रहा था । गुफा के अंदर उस हवनकुंड में आहुति की हुई तरह तरह की जड़ी बूटियों तथा और अनेक हवन सामग्रियों से दिव्य सुगंध व्याप्त थी ।

सन्यासी ने मनोज को वहीँ गुफा से सटे बने हुए आसन पर बैठने को कहा और स्वयं गुफा के अंदर वाले दुसरे कक्ष में चला गया ।

थोड़ी देर के बाद वह सन्यासी अंदर के कक्ष से बाहर आया । तथा मनोज को साथ ले कर पुनः अंदर के कक्ष में चला गया ।

गुफा के दूसरे कक्ष में गुफा की दिवार से सटा कर मिट्टी से निर्मित एक चार बाई छः के चबूतरे पर एक बिछे हुए पीले आसन पर दिव्य मनीषी बैठे हुए थे । अंदर वाले गुफा कक्ष के दीवारों पर भी कुछ तांत्रिक आकृतियाँ उकेरी हुई थी । अंदर की गुफा में मद्धिम पीला प्रकाश व्याप्त था । गुफा के दिवार में लगभग पांच छः फुट ऊँचे स्थान पर एक छोटी सी लकड़ी का तख्ता ठोका हुआ था । जिस पर रखा हुआ एक घी का दीपक जल रहा था ।

मनोज की नजर जब उन मनीषी पर पर पड़ी वह उन्हें देखता ही रह गया । अदभुत तेज व्याप्त था उन मनीषी के चेहरे पर । बिलकुल धवल चांदी के सामान श्वेत केश लटक रहे थे मनीषी के सिर से । वैसे ही श्वेत उनकी दाढ़ी लटक रही थी उनकी नाभी तक । बदन पर एक भी वस्त्र नहीं था उनके सिर्फ कमर के निचे एक लाल लंगोट थी । गले में रुद्राक्ष की माला थी । ललाट पर पीले चन्दन की तीन क्षैतिज रेखाएं खिंची हुई थी । तथा रेखाओं के ठीक बीच में भभूत के द्वारा खींचा हुआ एक उर्ध्व तिलक था सफेद । आँखों में बिजली सी चमक । पूरा चेहरा दप दप दमक रहा था उनका । चेहरे पर एक अदभुत रहस्यमयी मुस्कुराहट उभर आई थी उनके ।

" आखिर इस जन्म में भी मिलना हो ही गया तुमसे । हमारा तुम्हारा जन्मो जन्म का साथ है । बहुत जल्द तुम यह समझ जाओगे । " मनीषी ने मनोज से कहा ।

मनोज के अंदर जैसे कोई बिजली सी कौंध गयी । वह मन ही मन सोचने लगा । यही आवाज तो उस दिन गूंजी थी उस प्रकाश स्तम्भ में स्थित पारदर्शी मानवीय आकृति से, मन्दिर के गर्भ गृह के अंदर ।

तभी मनीषी पुनः बोल पड़ें । " मैंने ही बुलाया है तुम्हे यहाँ । तुम्हारे अंदर जन्मो जन्म के संस्कार के कारण आत्मा और परमात्मा को जानने की भूख दिखाई पड़ रही है । पिछले कई जन्मो में भी थी तुम्हारे अंदर यह

भूख । जिस दिन यह भूख बढ़ कर एक सीमा का अतिक्रमण कर देगी उस दिन तुम सब जान जाओगे । फिलहाल काफी थके हुए हो । बाहर के कक्ष में जा कर थोड़ी देर अराम कर लो । ”

मनोज गुफा के बाहरी कक्ष में आ गया । वह गुफा के अंदरी दिवार से सटा कर मिट्टी के बनाये हुए आसन पर बैठ गया । थोड़ी देर के बाद वह नौजवान सन्यासी बाहर आये जिनके साथ मनोज यहाँ तक आया था । उनके हाथ में कुछ फल था जिसे वह मनोज को देते हुए बोले । “ भूख तो अवश्य लगी होगी तुम्हें । थक भी गये हो । लो कुछ फल इसे खा लो ” ।

तथा पास ही रखे हुए एक मिट्टी के घड़े की ओर जो एक मिट्टी के पात्र से ही ढका हुआ था तथा उस पर एक पीतल का ग्लास रखा हुआ था उसे दिखाते हुए बोले । “ अगर खाने के बाद जल की आवश्यकता हुई हाथ आदि धोने के लिए या पिने के लिए तो यहाँ रखे हुए इस पात्र से जल ले लेना । ” यह कह कर वह नौजवान सन्यासी गुफा के बाहर चले गये ।

मनोज ने सन्यासी के द्वारा दिए हुए फल खाए । फल खाते ही उसने अपनी थकान में कमी महशूश की । वह काफी देर तक उस आसन पर बैठा रहा । फिर वह वहीं लेट गया । उसके मन में अनेको विचार चल रहे थे । दरअसल उसने अभी गुफा के अंदर की कक्ष में जिस मनीषी के दर्शन किये थे वह उन्हीं के बारे में सोच रहा था । वह कभी कभी गुफा के अंदर की कक्ष के दरवाजे की तरफ देख लेता । वह काफी थक चुका था । उसे वहीं लेटे लेटे कब नींद आ गयी पता ही नहीं चला ।

रात्री के लगभग एक बज रहे होंगे । अचानक मनोज के कानो में ढोल नगाड़े की तेज आवाज सुनाई दी । उसकी नींद टूट गयी । वह चैंक कर जाग उठा । ढोल नगाड़े के अलावा उसे और भी कई तरह के वाद्य यंत्रों की ध्वनी सुनाई दी । उसे बहुत ही मधुर वीणा तथा सितार की ध्वनी भी सुनाई दी । उसने महशूश किया कि गुफा के बाहर कहीं दूर बहुत ही मधुर आवाज में कोई गा रहा हो ।

“ बहुत ही आश्चर्यचकित मालूम पड़ते हो । दूर से आती हुई इन आवाजों के कारण तुम्हारा मन भाति भाति से व्यायाम कर रहा है । शायद इन आवाजों के बारे में सोच रहे हो तुम । ” गुफा के अंदर की कक्ष से आते हुए उन मनीषी ने मनोज से कहा । उनके चेहरे पर सौम्य

मुस्कुराहट थी । उनके शरीर से हल्का हल्का प्रकाश निकल रहा था ।

मनोज चारो तरफ नजर दौड़ा कर सोच रहा था वह नौजवान सन्यासी कहाँ गए दिखाई नहीं दे रहे जिनके साथ वह आया था ।

" सदानंद नाम है उनका जिन्हें तुम तलाश रहे हो । वह एक उच्च कोटि के साधक हैं । अभी भी उनकी साधना जारी है । यहीं इस गुफा से थोड़ी दूरी पर उनकी भी गुफा है । धीरे धीरे तुम्हे उनका परिचय मिल जाएगा । "

मनोज थोड़ा हैरान हुआ की मनीषी को उनके मन की बात कैसे पता चली । किन्तु पिछले कुछ दिनों से जो उसके साथ घटित हो रहा था उसे स्मरण कर के उसका मन थोड़ा शांत हुआ । जैसे उसके मन ने ही उसे समझाया हो की इसमें हैरानी वाली कोई बात नही ।

" चलो तुम्हे एक नये लोक से परिचित कराते हैं । इस लोक के बारे में अभी तक तुमने सिर्फ पढ़ा या सुना होगा चलो आज देख लो । " मनीषी ने मुस्कुराते हुए कहा और अपने पीछे आने को कहा ।

दोनों गुफा के बाहर आ गए । मनोज ने गुफा के बाहर आते ही तेज सर्दी महशूश की । उसे लगा की वह वहीं जम जाएगा । जबकि गुफा के अंदर उसे थोड़ी भी ठंढ नहीं लग रही थी । उसकी दृष्टि मनीषी पर पड़ी तो सोचने लगा । क्या इन्हें थोड़ी भी ठंढ नहीं लग रही जबकि इनके बदन पर एक भी वस्त्र मौजूद नहीं है ।

मनीषी ने हाथ हवा में उठाया, उनकी मुठ्ठी बंद थी । उनके मुठ्ठी में एक छोटी सी जड़ी थी । जो किसी छोटे से पौधे के तने का एक डेढ़ इंच का टुकड़ा प्रतीत हो रहा था । वे उसे मनोज को देते हुए बोले " लो इसे मुख में रख कर थोडा सा चबाओ और इससे निकले रस को निगल लेना तथा थोड़ी देर चबाने के बाद इसे मुख से बाहर फेक देना । इसके बाद अब तुम्हे भी ठंढ नही लगेगी । लेकिन यह कुछ घंटो के लिए ही यह काम करेगा । मेरी तरह ठंढ पर विजय पाना चाहते हो तो तुम्हे भी कठिन साधना के द्वारा प्राणायाम, ध्यान आदि में पारंगत होना होगा । "

मनोज जड़ी ले कर चबाने लगा तथा उसके रस को निगल कर जड़ी को मुख से बाहर फेक दिया । अब उसकी ठंढ गायब थी ।

बाहर आकाश में तारे बहुत स्पस्ट नजर आ रहे थे । सर्द हवा अपनी धुन में अलमस्त हो कर बह रही थी । जैसे पवनदेव भी इन संतों, महात्माओं की तपोभूमि हिमालय में अपनी पूरी मस्ती में लीन हो । यद्धपि चाँद देव आसमान में नहीं थे फिर भी बाहर बहुत हल्का प्रकाश बिखरा हुआ था । संभवतः चारो तरफ पहाड़ो पर फैले श्वेत बर्फ के कारण ऐसा हो ।

मनोज तथा वह मनीषी तेजी से कुछ आगे बढे ही थे की कुछ दूरी पर एक मानवीय आकृति दिखाई दी । अरे ! यह तो वही नौजवान सन्यासी हैं जिनके साथ मैं यहाँ आया था सन्यासी सदानंद जी । मनोज ने उन्हें पहचान लिया । मनीषी उन्हें देख कर मुस्कुराए तथा इशारों से ही उन्हें भी अपने साथ आने को कहा । तीनो साथ साथ कुछ कदम आगे बढे । तभी वह मनीषी बोल पड़े ।

" ऐसा करो अपनी आखे बंद करो और तीनो परस्पर एक दुसरे के हाथ पकड लो साथ में । "

आँखें मूंदे हुए मनोज ने मनीषी का एक हाथ पकड़ा तथा दूसरा हाथ सदानंद जी ने । कुछ ही क्षणों में तीनो बिलकुल ही नये स्थान पर खड़े थे और सामने दंग कर देने वाला नजारा दिखाई दे रहा था । ऐसा लग रहा था तीनो बादल के ऊपर किसी लोक में आ गए हों । अभी अभी तो रात्री थी किन्तु यहाँ तो एकदम चांदी के सामान श्वेत प्रकाश बिलकुल मरकरी के तरह की दूधिया पारदर्शी प्रकाश सब तरफ फैला हुआ था । किन्तु प्रकाश का कोई उद्गम स्त्रोत दिखाई नहीं दे रहा था । चारो तरफ बेली, चमेली, मोगरे, गुलाब आदि विभिन्न तरह के पुष्पों की खुशबू व्याप्त थी ।

सामने तीन मंच नजर आ रहे थे, जो शून्य में अवस्थित थे । मंच के इर्द गिर्द छोटे छोटे बादलो के टुकड़े तैर रहे थे । ऐसा लग रहा जैसे मंच के चारो ओर रुई के फाहे बिछा दिए गये हों, जो हवा में तैर रहे थे । बीच के एक बहुत ही बड़े मंच पर कुछ लोग अलग अलग तरह के वाद्य यंत्र बजा रहे थे । उनके बीच बैठा हुआ एक व्यक्ति बहुत ही मधुर अलाप ले रहा था । उसने वीणा को अपने कंधों के सहारे से खड़ा कर रखा था तथा एक हाथ से तारों को छेड़ रहा था । जिससे वीणा के झंकार के मधुर स्वर फूट रहे थे । उनके बाल लम्बे तथा घुंघराले थे । किन्तु दाढ़ी मूंछ सफाचट

थी । उन्होंने धवल श्वेत वस्त्र पहन रखे थे, गले तथा हाथ की कलाईयों में सोने के हल्के आभूषण उन्होंने धारण कर रखा था । साथ ही गले में बहुत ही सुंदर फूलों का एक वैजयन्ती हार भी उन्होंने धारण कर रखा था। वहां उपस्थित अन्य वाद्य यंत्र बजाने वाले पुरुषों की वेशभूषा भी कुछ ऐसी ही थी । उनके सामने ही कुछ नर्तकियां भारतीय शास्त्रीय शैली में अपने नृत्य का प्रदर्शन विभिन्न भाव भंगिमाओं के साथ कर रही थी । दरअसल वे कृष्ण, राधा तथा उनकी सहेलियों के रास का नृत्य अभिनय प्रदर्शित कर रही थी । उन नर्तकियों ने वैसे ही परिधान धारण कर रखे थे, जैसा दक्षिण भारतीय कोई नृत्यांगना की पारम्परिक और शालीन पोशाक होती है । सिर के जुडा में खुशबूदार मोगरे के फूलों की चोटी गूंथी हुई थी ।

बीच वाले मंच के दायें बाएं भी दो मंच स्थित थे । दायें और बाएं वाले दोनों मंच कुछ इस तरह स्थित थे जिस पर बैठने वाले सभी लोग बीच के मंच की तरफ देख सकें । यानी दायें और बाएं वाले मंचो पर बैठने वालों का चेहरा आमने सामने था । दोनों मंचो की दूरी लगभग 40 मीटर रही होगी ।

दायें ओर की मंच पर छोटे छोटे सिंहासन नुमा कुर्सियों पर कुछ देवताओं की तरह दिखने वाले लोग बैठे हुए थे । कुछ कुर्सियां खाली भी थी । उन सभी की वेषभूषा राजा महाराजाओं की तरह थी । मंच पर पंक्ति से लगे हुए कुर्सीनुमा सिंहासनों के ठीक बीच में थोडा बड़े और ऊँचे सिंहासन पर एक व्यक्ति बैठे हुए थे । उनकी वेषभूषा कुछ अलग थी । उनकी बड़ी बड़ी काली मूंछे थी जो बिच्छू की डंक की तरह नुकीली और घूमी हुई थी । किन्तु दाढ़ी बिलकुल सफाचट था । उन्होंने जामुनी रंग का रेशमी अचकन तथा पीला रेशमी धोती धारण कर रखा था । कंधे से एक गुलाबी रंग के वस्त्र का पट्टा कमर तक लटक रहा था । कमर पर हरे रंग के वस्त्र का पट्टा बंधा हुआ था । उनके सारे वस्त्र विभिन्न वेशकीमती रत्नों से जड़े हुए थे । गले में मोतियों तथा और भी कई अन्य रत्नों की मालाएं उन्होंने धारण कर रखी थी । उन्होंने बांहों पर सोने के बाजूबंद तथा कलाईयों में सोने के कड़े पहन रखे थे । उनका सारा बदन सोने के आभूषणों से लदा हुआ था । उनके सिर पर सोने का एक बड़ा सा मुकुट था

जिसमे अगल बगल दोनों तरफ जानवरों के सींग जैसी आकृति निकली हुई थी ।

बाएं ओर की मंच पर बैठे हुए लोग कुछ उसी तरह का वस्त्र धारण किये हुए थे जैसा बीच वाले मंच पर संगीतकारों की मंडली ने । उनके गले, बांहों तथा कलाईयों पर सफेद नीले, पीले, नारंगी तथा लाल रंग के पुष्पों की माला थी । किन्तु अधिकता श्वेत रंगों के पुष्पों की थी । सभी के बाल लम्बे तथा घुंघराले थे । कुछ के बाल पीठ तक ऐसे ही खुले लटक रहे थे तो कुछ ने बालों को सिर के उपर सन्यासियों के जटाओं की तरह फूलों की मालाओं से बाँध रखे थे । कुछ ने उपरी बदन पर आधे बांह वाला कुर्ता धारण कर रखा था तो कुछ खाली बदन भी थे । कुछ ने सफेद तो कुछ ने पीली धोती धारण कर रखी थी । सभी ने अलग अलग रंगो के पट्टे दायें कंधे से लटका रखे थे । तथा सभी ने कमर में भी धोतियों के उपर आठ या दस दस अंगुल चौड़े अलग अलग रंग के पटके बाँध रखे थे।

मनोज यह सब देख कर भौचक्का सा रह गया । उसने महसूश किया वह जहां खड़ा था पैरों के तलवे के निचे कठोर धरती नहीं थी । बल्कि उसे लग रहा था जैसे तलवे के निचे स्पंजी गद्दीदार जमीन हो । जिस पर वह चल सकता था ।

“ उतराखंड को यक्षों गन्धर्वों का राज्य भी कहा जाता है । जिसे तुम अब सामने देख रहे हो । सामने यह यक्ष नगरी अलकापुरी का एक छोटा सा भाग है । वही अलकापुरी जो स्वर्गारोहण के समीप है जहाँ से पांडव स्वर्ग की तरफ गये थे किन्तु सभी पहुँच नहीं पाए । महाभारत की यह कथा तुम बेहतर जानते हो । गन्धर्वों, यक्षो की सम्पूर्ण अलकापुरी नगरी को तुम अभी नहीं देख पा रहे हो, जो यहीं सामने विराजमान है । तुम सिर्फ इनके एक उत्सव वाले तीन मंचो को देख पा रहे हो । साधना में गति होने पर सम्पूर्ण अलकापुरी को भी देखा जा सकता है जैसे मैं देख पा रहा हूँ । तुम जितना भाग अलकापुरी का देख पा रहे हो मैं उससे कहीं अधिक देख पा रहा हूँ । ” मनीषी ने मनोज से कहा ।

“ अलकापुरी के अलावा कैलाश पर्वत तथा मानसरोवर के उपर अदृश्य लोक का कुछ भाग भी यक्षों और गन्धर्वों का निवास स्थान सदैव से है । यक्ष राक्षसों के अंतर्गत ही एक सुकर्म करने वाली अच्छी प्रजाति

है । गंधर्व मुख्य रूप से इंद्र की सभा में गायन तथा वादन करते हैं तथा निम्न किस्म की देवताओं की श्रेणी में आते हैं । आओ मंच के करीब चलते हैं । ” मनीषी ऐसा बोल कर मंच की तरफ बढ़ गये । पीछे पीछे मनोज तथा सन्यासी सदानंद भी बढ़े ।

तीनो चल कर दायें तरफ के बने हुए मंच पर उपस्थित हो गये । मनीषी को देखते ही पशुओं के जैसा सींगनुमा मुकुट धारण किये हुए व्यक्ति खड़े हो गये तथा सिर झुका कर और हाथ जोड़ कर उन्हें प्रणाम किया । तीनो मंचो पर उपस्थित सभी लोग खड़े हो गये । नृत्य तथा गायन का कार्यक्रम थोड़ी देर के लिए रुक गया । मंच पर उपस्थित नर्तकियों समेत सभी ने मनीषी को जो जहाँ थे वहीं से सिर झुका कर तथा हाथ जोड़ कर प्रणाम किया ।

“ आप यक्षपति कुबेर हैं । जिनके बारे में पुराणों आदि में काफी कुछ लिखा हुआ है । तथा आप असीम धन सम्पति के स्वामी भी हैं, ऐसा सर्वविदित है । ” सींगनुमा मुकुट धारण किये हुए पुरुष का परिचय देते हुए मनीषी ने मनोज से कहा । मनोज तथा सन्यासी सदानंद ने यक्षपति कुबेर को सिर झुका कर तथा हाथ जोड़ कर प्रणाम किया ।

“ यहाँ इस मंच पर दायें तथा बाएं की ओर सिंहासन पर आसीन सभी यक्ष हैं । तथा उस बीच के मंच पर और उस सामने के मंच पर सभी गंधर्व प्रजाति के हैं । तुमने ये तो सुना ही होगा की गंधर्व नृत्य गायन तथा वादन की कला में निपुण होते हैं । इन्होने ये गायन वादन की कला देवी सरस्वती से प्राप्त किया है । तथा जिन नर्तकियों को तुम देख रहे हो वे अप्सराएं हैं जो इन्ही में से कुछ गन्धर्वों की पत्नियां है । ” मनीषी ने समझाते हुए मनोज से कहा ।

“ मनोज तुम हमारे लोक में नये आए हो, जबकि महायोगी तथा सन्यासी सदानंद यहाँ पहले भी आ चुके हैं । हाँ मुझे तुम्हारा नाम पता है यह जानना मेरे लिए बाएं हाथ का खेल है । जो लोक तुम यहाँ देख रहे हो यह पुरे उतराखंड के ऊपर स्थित है । यह एक यक्षलोक का भाग है ठीक ऐसा ही एक भाग कैलाश पर्वत के ऊपर भी है । तुम मनुष्य इसे अलकापुरी के नाम से बेहतर जानते हो । देवताओं का लोक अलग है । यह तुम्हारा सौभाग्य है जो ऐसे महायोगी का साथ तुम्हे मिल रहा है । ”

यक्षराज कुबेर बहुत ही समझा कर मनोज को बता रहे थे ।

मनोज बहुत ही तल्लीनता के साथ यक्षराज की बातें सुन रहा था । उनके मुख से अपना नाम सुन कर वह जरुर चैंका था । यक्षराज कुबेर आगे बोलना शुरू किए ।

" जैसा तुम यक्षलोक देख रहे हो वैसा ही इससे थोड़ा ऊपर देवलोक भी है । ठीक उसी तरह पातल लोक भी है । जो निचे स्थित है । देवलोक देवताओं का निवास स्थान है । जिन के बारे में तुम पुराणों, उपनिषदों तथा अन्य धार्मिक ग्रंथों में पढ़ते हो । तुम्हारे पृथ्वीलोक को ऊर्जा तथा शक्ति देने वाले देवता सूर्यदेव हैं । ठीक उसी तरह पवन देव हवा के देवता तथा वरुणदेव जल के देवता हैं । इन सब में प्रमुख अग्निदेव हैं जिनका वास सूर्यदेव में भी है । तुम्हारे शरीर में भी अग्निदेव का वास है । जिन महायोगी के साथ तुम हो सिर्फ उनके संगत से तुम्हें धीरे धीरे यह सब पता चल जाएगा और अनुभव में भी आ जाएगा । समय का इन्तजार करो । " ऐसा कह कर यक्षराज कुबेर मनीषी के तरफ देखते हुए मुस्कुराए और मौन हो गये ।

यक्षराज कुबेर ने मनीषी को ठीक अपने बगल के सिंहासन पर स्थान दिया । तथा मनोज और सन्यासी सदानंद को एक यक्ष के साथ सामने के गन्धर्वों के मंच पर भेज दिया । साथ भेजे गये यक्ष ने दोनों को गन्धर्वों वाले मंच पर ले जा कर दो अलग अलग खाली पड़े सिंहासनो पर उन्हें आसन ग्रहण करवाया ।

नृत्य तथा गायन का कार्यक्रम पुनः आरम्भ हुआ । बहुत ही मनोरम गायन का कार्यक्रम डेढ़ दो घंटे तक चलता रहा । अंत में कार्यक्रम के समाप्ति की घोषणा हुई ।

कार्यक्रम समाप्ति के बाद बीच वाले मंच से उठ कर एक गंधर्व मनीषी के समीप आये । उस गंधर्व ने श्वेत कुर्ता तथा धोती भी श्वेत धारण कर रखी थी । उनके बाल लम्बे घुंघराले किन्तु एकदम धवल सफेद थे । यहाँ तक की उनके आँखों के उपर भौं तक सफेद हो गये थे । किन्तु दाढ़ी मूंछे सफाचट थी । उन्होंने मनीषी तथा यक्षराज कुबेर को भी बीच वाले मंच पर चलने को कहा । दोनों उठ कर उस गंधर्व के साथ बीच वाले मंच पर आ गये । यक्षराज कुबेर वहीं एक आसन पर विराजमान

हो गये किन्तु मनीषी अभी भी खड़े थे । उस बुजुर्ग से दिखने वाले गंधर्व ने तेज आवाज में बाएं और दायें दोनों मंचो पर उपस्थित सभी लोगो को बीच वाले मंच पर आने को कहा । उनकी आवाज तेज तथा इको की जैसी गूंजती हुई सी थी । मनोज तथा सन्यासी सदानंद के समेत सभी यक्ष तथा गंधर्व अब बीच के मंच पर उपस्थित थे । उस बुजुर्ग गंधर्व ने सभी गन्धर्वों को एक गोलाकार आकृति बनाते हुए निचे मंच पर बिछे मखमली कालीन के उपर बैठने को कहा । मनोज तथा सन्यासी सदानंद समेत सभी गंधर्व दो पक्तियों का एक गोला बनाते हुए मंच पर निचे बैठ गये । मनीषी तथा बुजुर्ग गंधर्व अब उन दो गोल पंक्तियों के ठीक बीच में थे । यक्षराज कुबेर समेत सभी यक्ष मंच पर पीछे अलग एक सीधी पंक्ति बनाते हुए अपने अपने सिंहासनों पर विराजित हुए । इस मंच पर ही उन सिंहासनों की सीधी पंक्ति के ठीक बीच में पहले की तरह हीं अपने ऊँचे और बड़े सिंहासन पर यक्षराज कुबेर विराजित थे ।

मंच पर बैठे हुए गन्धर्वों के द्वारा बनाये गये उन दो गोल पंक्तियों के ठीक बीच में मनीषी तथा वह बुजुर्ग गंधर्व अब भी खड़े थे । इन दोनों के अलावा मंच पर उपस्थित सभी लोग बैठे हुए थे । अप्सराएं भी अपने अपने गंधर्व पतियों के साथ मंच पर निचे ही बैठी हुई थी ।

तभी हल्की खरखराहट के आवाज के साथ मनीषी जहाँ खड़े थे ठीक उनके बगल में एक स्फटिक का शिला धीरे धीरे उपर आने लगा । वह स्फटिक का शिला दो बाई तीन फुट का होगा । उसकी उंचाई भी लगभग दो पौने दो फुट होगी । उस स्फटिक के शिला पर एक पीला रेशमी आसन भी बिछा हुआ था । उस बुजुर्ग से दिखने वाले गंधर्व ने आग्रहपूर्वक मनीषी से उस शिला पर बैठने को कहा । मनीषी अब स्फटिक शिला पर विराजित थे । तथा उनके समीप ही उनके चरणों के पास वह बुजुर्ग गंधर्व भी निचे बैठ गये ।

" हे तत्ववेता महायोगी ! हम सभी गंधर्व, यक्ष तथा अप्सराएं हैं यह तो आपको विदित ही हैं । हम गंधर्व तथा अप्सराएं देवराज इंद्र की सभा में गायन वादन तथा नर्तन के द्वारा उनका मनोरंजन करते हैं । हम गंधर्व ऋषि कश्यप तथा माता अरिष्ट की संतानें हैं । हमारा मुख्य कार्य देवताओं के सोम (सोम रस) की रखवाली करना है । जब से माता

सरस्वती की कृपा हुई तब से इंद्र की सभा में गायन तथा वादन का कार्य भी हमारे जिम्मे है । हमे देवताओं से निकृष्ट माना जाता है तथा हम देवताओं की तरह अमर भी नहीं होते । क्योंकि हमें देवताओं के सामान अमृत का अधिकारी नहीं समझा गया । इस समस्त लोकों में दुर्लभ ज्ञान ब्रह्मज्ञान को समझा जाता है जो की देवताओं को भी दुर्लभ है । हमें इसका भी कोई ज्ञान नहीं । और मैं सत्य कहता हूँ हे ! प्रभु हम गन्धर्वों को और किसी वस्तु या किसी विद्या या अमरता आदि में ही सही कोई रूचि नहीं है । लेकिन ब्रह्मज्ञान की प्यास हम हर वक्त महशूश करते हैं जो देवताओं आदि को भी दुर्लभ है । और जिस दिव्य ज्ञान में हम सभी के पालनकर्ता विष्णु, सृजनकर्ता ब्रह्मा तथा संहारकर्ता महेश हर वक्त रमण करते रहते हैं । उस ज्ञान को जानने और पाने की ललक हम सभी में स्वभाविक रूप से बना रहता है । इस विद्या के जानकार ब्रह्मा, विष्णु, महेश आदि की कृपा प्राप्त करने के लिए बहुत ही कठिन लम्बे समय तक के तप की आवश्यकता होती है । हममे उतना तप का सामर्थ्य भी नहीं है । यह सब बातें जो मैंने कही यह आपको मालूम ही है । अतः हे ! साधकों में महासाधक श्रेष्ठ योगी हम जानते हैं कि यह ब्रह्मज्ञान आपको प्राप्त है । इसलिए हे ! प्रभु हम भी इस महाज्ञान ब्रह्मज्ञान को कैसे प्राप्त करे कृपा करके समझाएं । ”

उस बुजुर्ग से दिखने वाले गंधर्व ने अपने सिर मनीषी के चरणों में रखते हुए उपरोक्त बात कही ।

अभी मनीषी कुछ कहते इससे पहले ही ब्रह्मज्ञान की बात सुन कर यक्षराज कुबेर के कान भी खड़े हो गये । गोलाकार पंक्ति में बैठे हुए सन्यासी सदानंद और मनोज भी एकदम से सजग हो गये ।

धनपति यक्षराज कुबेर जो कि अभी तक पीछे एक सिहासन पर विराजित थे । उठ कर मनीषी के निकट आये और निचे ही उनके समीप बैठ गये । यक्षराज कुबेर के साथ सिंहासनों पर विराजित सभी यक्ष भी आ कर निचे गोलाकार पंक्ति बनाते हुए गन्धर्वों के पीछे बैठ गये । सिंहासने अब खाली थी ।

“ हम यक्ष हैं, और मैं कुबेर बिश्रवा का पुत्र हूँ और रावण मेरा सौतेला भाई था । इडविडा मेरी माता का नाम है । इसलिए मुझे एड्वड के नाम

से भी जाना जाता है । जैसा की आप जानते ही है योगीश्रेष्ठ । कुछ लोग हमे राक्षस प्रजाति का मानते हैं तो कुछ हमें देवता मानते हैं । किन्तु हम बिलकुल एक अलग ही प्रजाति हैं यक्ष और यक्षणीयाँ । हम यक्ष गण भगवान शिव को अत्यंत प्रिय हैं । कुछ यक्षणीयाँ विशेष होती हैं जिनकी सिद्धि मनुष्य करने की चेष्टा में लगा रहता है, अपने अभीष्ट की पूर्ति हेतु । कुछ मनुष्य तांत्रिक विधियों के द्वारा हम यक्षों की पूजा आलौकिक शक्तियों के लिए करते हैं । कुछ मनुष्य धन की लालसा में भी हमारी पूजा करते हैं । हम यक्षों का कार्य प्रारम्भ से ही पृथ्वी पर छिपे हुए धनों की रक्षा करना रहा है । जंगलों, तलाबों आदि के समीप छिपे हुए गड़े धन की रक्षा भी हम करते हैं । हम यदा कदा युद्धों में भी भाग लेते रहे हैं । किन्तु युद्धों में हमारी वैसी रूचि नहीं जैसी राक्षसों की रही है । सोम हमे भी प्रिय है किन्तु देवता उस पर हमारा अधिकार बिलकुल भी नहीं समझते । हम भी देवताओं की तरह अमर नहीं हैं । हाँ किन्तु हमारी आयु बहुत ही लम्बी होती है, यदि कोई युद्ध आदि में हमे मार न दे तो । मनुष्य हमे काले जादू तथा आलौकिक शक्तियों के स्वामी भी समझते हैं । किन्तु इन सब का कोई प्रयोजन नहीं है । वास्तविक सार्थकता तो ब्रह्मज्ञान की प्राप्ति में ही है । और हमे यह ज्ञान प्राप्त हो सके यह अधिकार हम सभी के स्वामी ईश्वर ने सहज ही दे रखा है ।

हम सभी एक ईश्वर के ही संतान हैं । ब्रह्मज्ञान कोई भी प्राप्त कर सकता है देवता, गंधर्व, किन्नर या हम यानी यक्ष भी । भक्त प्रहलाद राक्षस कुल के थे यह तो आपको विदित ही है । हाँ मनुष्य से निकृष्ट योनियों को यह अधिकार नहीं जैसे पेड़ पौधे तथा अन्य निम्न योनियों आदि को । क्योंकि ब्रह्मज्ञान को प्राप्त करने के लिए चेतना का स्तर कम से कम इतना विकसित होना चाहिए जितना की मनुष्यों में विकसित होती है । और आश्चर्य की बात तो यह है की मनुष्य अगर प्रयास करे तो यक्षों, देवताओं, गन्धर्वों आदि की अपेक्षा जल्द से जल्द यह ज्ञान प्राप्त कर लेता है । मनुष्यों पर ईश्वर की कृपा अति शीघ्र होती है । इसका कारण यह है की मनुष्य की अपेक्षा उसके ऊपर की योनियां अधिक भोग एवं विलासिता में लीन रहती हैं । ये सभी इस मामले में देवराज इंद्र को अपनी प्रेरणा स्रोत मानते हैं । देवराज इंद्र को बाहरी

चमक दमक में खोए देख कर इनमे भी यह प्राप्त करने की लालसा जाग जाती है । घोर आश्चर्य की बात यह है कि इंद्र का मायावी बाहरी जगत इन्हें अधिक आकर्षित करता है । जबकि ब्रह्मा, विष्णु, महेश जिस भीतर की जगत में परमानन्द पाते हैं वह इन्हें सदैव आकर्षित नहीं करता । वह तो विरले ही कभी कभी ब्रह्मज्ञान पाने की लालसा कुछेक में यदा कदा जागती है । यह मनुष्य का सौभाग्य ही है की वे सिर्फ इंद्र के बाह्य जगत से सीधे नहीं जुड़े हुए हैं, क्योंकि इंद्र का लोक भी हमारे लोक की तरह अदृश्य ही होता है मनुष्यों के लिए । और आप जैसे परम योगीयों गुरुओं की कृपा भी मनुष्यों को प्रयास करने पर सहज ही मिल जाती है । इसलिए ब्रह्मज्ञान का मार्ग मनुष्यों के लिए थोडा सहज एवं सुलभ हो जाता है । यद्धपि यह सब बातें जो मैंने पहले बोला यह सब आपको पहले से ही पता है । फिर भी मैंने इसे नए आगन्तुक के ज्ञान एवं जानकारी लिए सिर्फ दुहराया है आपको संबोधित करते हुए । अतः हे ! योगियों में श्रेष्ठ महायोगी आप हम सभी यक्षों पर भी अपनी कृपा करें और यह ज्ञान (ब्रह्मज्ञान) हमे कैसे प्राप्त हो यह हमे अवश्य सुझाएँ । " यक्षपति ने निवेदन करते हुए कहा ।

मनोज बहुत अधिक उत्साहित तथा आश्चर्यचकित था उस बुजुर्ग गंधर्व और यक्षपति कुबेर की ब्रह्म सम्बंधित जिज्ञासा को सुन कर । वह मनीषी के आगे के वचन सुनने को उत्कंठित था ।

हे श्रेष्ठ गन्धर्वों, उपस्थित अप्सराओं, यक्षों एवं यक्षों के राजा सम्मानित कुबेर जी ब्रह्मज्ञान अपने उद्गम स्त्रोत के सम्बन्ध में जानने वाला ज्ञान है । वह श्रेष्ठ ईश्वर हमारी रचना करके हमारे भीतर स्वयं को ही स्थापित कर दिया हमे जीवित रखने के लिए । हम ब्रह्म की शक्ति से ही जीवित हैं । इन शरीरों के समाप्ति के बाद भी हमारा अस्तित्व बना रहता है क्योंकि हम स्वयं ही ईश्वर हैं । और ईश्वर की कभी मृत्यु नहीं होती, और न ही जन्म । यह तो इस शरीर से बंधे होने के कारण हम स्वयं अपने वासनाओं और अहंकार के कारण स्वयं को ब्रह्म या ईश्वर से भिन्न देखते हैं । इसी कारण हमे हमारे भीतर के ईश्वर की अनुभूति नहीं होती । यह बहुत ही दुखद है की हम अपने भीतर की वासना (कामना) के कारण अपने ही उद्गम को भूल गये हैं । अपने

पिता की याद भूला दी है हमने । वह ईश्वर हमारे अनुभूति में जल्द नहीं आता । यही माया है । जिस दिन भी हम ये जान जाते हैं की हम स्वयं ही ब्रह्म या ईश्वर हैं वही क्षण ब्रह्मज्ञान का है । ” मनीषी शून्य में अपनी दृष्टि स्थिर कर के बहुत ही गहरी वाणी में बोल रहे थे जैसे उनकी वाणी कहीं किसी और लोक से आ रही हो ।

“ अपने अंदर के ब्रह्म को जानने के लिए हमे अपने अंदर उतरना होगा । इसके लिए अपने मुख्य पांच इन्द्रियों को अपने भीतर की ओर मोड़ना होगा । हम बाहर की दुनिया से अपने चक्षु यानी अपनी आँखों के द्वारा अधिकतर जुड़े हुए रहते हैं । दृश्य को देखने से हमारे मन के अंदर कामना उठता है । कुछ कामनाएं अपने पूर्व के अनुभवों से भी उठता है । किन्तु मूल में इन्द्रियाँ ही हैं । स्पर्श, श्रवण, (कान से) घ्राण, (नाक से सूंघना) रसना (जिह्वा से स्वाद एवं वाणी) एवं दृश (आँखों से देखना) ये बाहर के जगत से जुड़े हुए होते हैं और सभी वासनाएं इनसे ही हो कर मन तक पहुँचती हैं । ईश्वर ने इन्द्रियाँ शरीर के अपने निश्चित कार्यों के लिए दिए हैं । इनकी भी अपनी उपयोगिता है । ये हमारे शरीर की रक्षा में मदद करते हैं । तथा और भी इनके कार्य हैं जो चिन्तन करने से आप सभी को पता लगेगा । किन्तु हमे इन इन्द्रियों को भोग का माध्यम नहीं बनाना चाहिए । पातंजली के अष्टांग योग के मार्ग पर चलने से हमे ब्रह्मज्ञान प्राप्त करने की साधना में मदद मिलती है । ध्यान उनमे से एक प्रमुख अंग है । ईश्वर को जानने ब्रह्मज्ञान प्राप्त करने हेतु ईश्वर के सगुण रूप की उपासना और भक्ति भी सहायक होती है । नाम जप भी इस लक्ष्य के प्राप्ति का एक बेहतर साधन है । इन साधनों को अपनाने से इन्द्रियाँ बाहर से भीतर की ओर उन्मुख होने लगती हैं और ईश्वर का मार्ग सरल होने लगता है । इन्द्रियाँ जब बाहर की ओर होती हैं तब सुख और दुःख को आमंत्रित करती हैं । किन्तु वही इन्द्रिय जब अपने भीतर की ओर समाहित होती हैं तो वे ईश तत्व में लीन होने लगती है । इससे अनेक सिद्धियाँ और चमत्कार पैदा होते हैं । यह ऐसा ही हैं जैसे बाहर सुख और दुःख उत्पन्न होते हैं । यह भी बेकार ही हैं, किन्तु इन्द्रियों के भीतर उन्मुख होने से मन चेतना में लीन होता है यह क्षण शुभ होता है । यह ईश्वर अनुभूति का कारण बनता है । आँखें बंद कर के अपने मन को

अपने शरीर के भीतर की तरफ शरीर के अंदर कुछ बिन्दुओं पर गति देना तथा सारे इन्द्रियों को भीतर के तरफ सजग कर देना ध्यान का प्रयास कहलाता है । शरीर के अंदर कुछ निर्धारित स्थान या बिंदु होते हैं जिन्हें चक्र कहा जाता है । उन स्थान मात्र पर मन को ले जाने से वे सक्रीय होने लगते हैं और ऊर्जा उपर की ओर उठने लगती है । यह ऊर्जा एक कुण्ड में जनेन्द्रिय से निचे रीढ़ के अंतिम हड्डी के इर्द गिर्द संचित रहती है । इसे कुण्डलिनी शक्ति भी कहते हैं । चक्रों को उन पर ध्यान केन्द्रित कर उन्हें थोड़ा बहुत सक्रीय किया जा सकता किन्तु पूर्ण कुण्डलिनी को जाग्रत करने के लिए योग की सहायता ली जाती है । बहुत से संतो महात्माओं में यह शक्ति उनके प्रारब्ध के साधना आदि के कारण जन्म से ही जागृत होती है । कुण्डलिनी की ऊर्जा सबसे निचे जहाँ वह अवस्थित रहती वहां से उठ कर सिर के चोटी यानी सहस्त्रार तक पहुँच जाती है तो ब्रहमज्ञान का बोध होता है । यह सब ज्ञान तो आप सभी को है ही, किन्तु अनुभव में कुछ आए तो बात बने । बोल कर बहुत कुछ नहीं समझाया जा सकता जब तक यह (ब्रहमज्ञान) अनुभव में नहीं आ जाता तब तक दुष्कर प्रतीत होता है । इसलिए अब मैं अपने वाणी को विराम देता हूँ और कुछ ऐसा प्रयास करता हूँ जिससे यह ज्ञान आप सभी के अनुभव में भी आ सके । " ऐसा कह कर मनीषी मौन हो गये ।

सभी मनीषी की तरफ आशापूर्ण नजरों से देखने लगे । उन्होंने देखा मनीषी अपनी आँखें बंद कर कुछ बुदबुदा रहे थे । कुछ देर मनीषी के यूँ ही बुदबुदाने के बाद आगे जो दृश्य उत्पन्न हुआ दंग कर देने वाला था ।

सभी ने देखा चारो तरफ प्रकाश फैलने लगा । क्षण क्षण प्रकाश में बढ़ोतरी होते जा रही थी । कुछ ही क्षणों में लगा वहां लाखों सूर्य उग आये थे, चारो तरफ प्रकाश ही प्रकाश । ये तो बाहर की स्थित थी । सभी अपने भीतर भी चेतना का संचारण महशूश करने लगे । उन्हें महशूश हो रहा था एक विद्युतीय तरंग उनके रीढ़ की हड्डी में निचे से उपर की ओर बह रही है और सिर में फैली जा रही है । यह विदुतीय स्पंदन धीरे धीरे बढ़ता ही जा रहा था । अब उनमे से कुछ चीखने चिलाने लगे जैसे वे इस ऊर्जा को झेल नही पा रहे हो । वहां बहुत ही तेज शोर शराबा मचा हुआ था । कुछ के तो शरीर भी स्वयं ही इधर से उधर पटकाने लगे । वहां उपस्थित

अधिकाँश यक्षों, गन्धर्वो अप्सराओं की यही स्थिति थी । यहाँ तक की सन्यासी सदानंद और मनोज की भी यही स्थित थी । सिर्फ यक्षपति कुबेर, एक अप्सरा और बुजुर्ग गंधर्व के साथ दो और गंधर्व शांत थे । वे अपने भीतर परमानन्द में गोते लगा रहे थे । शेष सभी अब बेहोश हो कर जहाँ तहां पड़े हुए थे उनमे सन्यासी सदानंद तथा मनोज भी शामिल थे ।

यक्षराज कुबेर, एक अप्सरा, बुजुर्ग गंधर्व तथा और दो गन्धर्वो की आँखें खुली तो उनके आँखों में मनीषी के प्रति कृतज्ञता के आंसू थे । उनके चेहरे पर तृप्ति के भाव थे ।

" अभी आपने ब्रह्मज्ञान प्राप्ति के मार्ग पर एक छोटी सी अनुभूति की है । ब्रह्मज्ञान प्राप्त करने के लिए अभी आप पांचो को ध्यान के मार्ग पर और चलना है । विधि आप सभी को इस अनुभव से गुजरते हुए अंदर ही अंदर बोध हो ही गया होगा । अपने अभ्यास को निरंतर और बढ़ाना होगा । मेरे शक्तिपात के प्रहार को सभी झेल नहीं पाए और देखो यहाँ बेहोश पड़े हैं । इनके पूर्वजन्म यानी प्रारब्ध के संचित कर्म, संस्कार तथा इनके अंदर की अतृप्त वासनाएं इनके इस मार्ग में बाधक हो रहे थे । मैं इन सब के भीतर यह साफ देख पा रहा था । इसलिए गुरु अपने शक्तिपात का प्रयोग सभी शिष्यों पर नही करता है । उनमे इसे झेलने की शक्ति नहीं होती । " मनीषी अब यक्षपति कुबेर की तरफ उन्मुख होते हुए आगे बोल पड़े ।

" यक्षपति कुबेर मैं जानता हूँ इनमे से आपके लिए यह अनुभव नया नही था । आपको कई बार ब्रह्मा, विष्णु, और महेश का सानिध्य मिलता रहा है । उनके सानिध्य में इससे भी बेहतर अनुभवों से आप गुजर चुके हैं यह भी मैं जानता हूँ । भगवान शिव तो कई बार आपकी सभा में स्वयं उपस्थित होते रहे हैं । आकाश में उपर स्थित आपके सभा क्षेत्र के ठीक निचे ही तो कैलाश पर भोलेनाथ का वास है । हालाकि ब्रह्मरूप में तीनों सर्वत्र विद्यमान हैं यहाँ भी । प्रत्येक ब्रह्मज्ञानी जो ब्रह्म को जानता है सर्वत्र मौजूद होता है और कहीं भी प्रकट हो सकता है । हाँ ये सत्य है की अभी त्रिदेवों की तरह हर क्षण ब्रह्मनुभूति का अभी आपको भान नहीं है । सदैव ब्रह्मज्ञान में आपकी दशा नहीं हुई है किन्तु आप भी कहीं भी इच्छानुसार प्रकट या गायब हो सकते हैं । यह गुण आपमें आपको मिली

एक विशेष सिद्धि के कारण है, और भी कई देवताओ को यह सिद्धि प्राप्त है । अच्छा अब इजाजत चाहूंगा । ” यह बोल करमनीषी खड़े हो गये । वे पांचो जिन्होंने ब्रह्मज्ञान का स्वाद अभी अभी चखा था वे भी भी खड़े हो गये । प्रणाम की मुद्रा में उनके हाथ जुड़े हुए थे । उन्होंने हाथ जोड़े हुए ही मनीषी के चरणों में अपना शीश झुका कर अपनी कृतज्ञता जाहिर की । मनीषी ने हाथ उठा कर सभी को अपना आशीष दिया । मनीषी वहां पड़े हुए सन्यासी सदानंद तथा मनोज के समीप गये और अपने हाथो से उन दोनों को स्पर्श किया । मनीषी के साथ सन्यासी सदानंद और मनोज एक क्षण में वहां से गायब हो गए ।

3
मनुष्य एवं देवताओं के बीच की कड़ी

मनोज की जब आँखें खुली तो तो वह गुफा के बाहरी कक्ष में गुफा से सट कर बने हुए मिट्टी के चबूतरे पर अपने को लेटा हुआ पाया । सूर्यदेव काफी ऊपर चढ़ आये थे । लगभग दिन के ग्यारह साढ़े ग्यारह बज रहे होंगे । गुफा के अंदर वाले कक्ष में उसने झांक कर देखा तो मनीषी अपने

स्थान पर ध्यानमग्न की अवस्था में बैठे हुए थे । सन्यासी सदानंद का आस पास कोई पता नहीं था । सन्यासी सदानंद अपनी गुफा में होंगे उसने अनुमान लगाया । रात्री की घटना के बारे में सोच कर उसका सिर चकरा रहा था । दिमाग में विचारों की उथल पुथल मची हुई थी ।

"विचारों को थोड़ा विराम दो । समय आने पर सारे रहस्य समझ में आने लगेंगे । यहाँ बगल में ही एक झरने का स्रोत है । उधर नित्य कर्म आदि से निवृत हो लेना और झरने में स्नान भी कर लेना । यहाँ इस तरफ कुछ फल रखे हुए हैं । उधर से आने के बाद यह ग्रहण कर लेना । " मनीषी एक तरफ रखे फलों की तरफ इशारा करते हुए बोले ।

क्या ये वही संत हैं जो कल रात्री में यक्षों, गन्धर्वों के बीच मंच पर उपस्थित थे । मनोज मन ही मन सोच रहा था और मनीषी के कल रात्री वाले दिव्य आभा से बाहर आने की कोशिश में लगा हुआ था । मनीषी उसकी तरफ देख कर मुस्कुरा रहे थे ।

मनोज गुफा के बाहर निकला । बर्फीली सर्द हवाएं बह रही थी किन्तु मनीषी के द्वारा दिए हुए रात्री वाले जड़ी का प्रभाव अभी भी उसके उपर था । इसलिए उसे ठंढ के कारण ज्यादा परेशानी नही हो रही थी । मौसम खिला हुआ था । हवाओं में खुशबू घुली हुई थी । आसमान बिलकुल नीला नजर आ रहा था । धूप बिलकुल कुनकुनी सी महशूश हो रही थी । चारो तरफ बर्फ से आच्छादित पर्वत श्रेणियां नजारे को और मनमोहक बना रही थी । कुछ ही दूरी चलने पर दूर एक पर्वत से झरने का एक सोता फूट पड़ा था जो अब इस छोटे से मैदानी भाग में बहता हुआ आगे बढ़ रहा था । मनोज ने सबसे पहले उस सोते से अपने हाथो की अंजुली में जल भरा और पीया । उसने महशूश किया जल में हाथ लगाते ही उसका हाथ ठंढ से जम जाएगा । नित्य कर्म आदि से निवृत होने के बाद मनोज वहीं उस जगह एक जंगली फल के वृक्ष के निचे बैठ कर प्रकृति का आनन्द लेने लगा । वह वृक्ष के फलों से अनजान था । वे फल उसे जंगली प्रतीत हो रहे थे । उसकी नजरों में वे जंगली फल जहरीले भी हो सकते थे । इसलिए वह उन्हें तोड़ कर खाना मुनासिब नही समझा । सामने हल्की ढलान लिए घास का एक हरा भरा मैदान था । मैदान में हरे भरे घासों के साथ छोटे छोटे रंग बिरंगे फूलों के पौधे भी उग आए थे । मैदान का

जहाँ अंत हो रहा था वहां से पर्वत श्रींखलाओं का आरम्भ शुरू था । सामने अदभुत दिव्य नजारा उपस्थित हो रहा था । उसकी दृष्टि सामने बर्फ से ढकी पर्वतों की चोटियों पर थी । जिन पर सूर्य की किरणें गिरने के कारण अदभुत रूप से चमक रही थी और दिव्य नजारा का दर्शन करा रही थी । वह इन नजारों में खोया हुआ था, तभी उसके सामने राजसी वस्त्र पहने सिर पर सिंगनुमा सोने का मुकुट धारण किये हुए एक आकृति प्रकट हो गयी । वह बिलकुल हतप्रभ रह गया ।

"कल की सभा में दिव्य मनीषी के साथ आप भी उपस्थित थे । मैंने आपको वहां देखा था । मै एक यक्ष हूँ और यह मेरा क्षेत्र है । इस वृक्ष के उपर मेरा निवास है । मैं यहीं पास में देवताओं के द्वारा जमीन के अंदर छिपाए गये धन की रक्षा करता हूँ । इस पुरे हिमालय क्षेत्र में ऐसे कई स्थान हैं जहाँ देवताओं ने अपने धन जमीन के अंदर छिपा रखा है । मेरे जैसे ही अनेको यक्ष उनकी रक्षा करते हैं । किन्तु यह हिमालय क्षेत्र इन धनों से भी अधिक बहुमूल्य धन संपदा से भरा पडा है । वह धन है दुर्लभ ज्ञान का धन । आप जिस मनीषी के साथ आए थे वे भी ऐसे ज्ञान रूपी धन से पूर्ण रूप से संपन्न हैं । यह हिमालय क्षेत्र ऐसे ही अनेको ज्ञान रूपी धन से परिपूर्ण संत, महात्माओं, योगियों, तपस्वियों से भरा पडा है । कुछ तो इस हिमालय क्षेत्र के स्थूल जगत में दृश्यमान हैं और कुछ अदृश्य सूक्ष्म जगत में अपनी साधना में लीन हैं । इस पुरे हिमालय क्षेत्र का आकाश में स्थित उपरी भाग अदृश्य रहस्यमयी लोकों से भरा पड़ा है, जिनके रहस्य विरले साधकों के सामने यदा कदा प्रकट होते ही रहते है । आपके प्रारब्ध के कर्म बहुत मजबूत हैं इसलिए ऐसे मनीषी का संग आपको मिल रहा है । " बोल कर उस यक्ष ने कुछ फल उस वृक्ष से तोड़े और उसे मनोज को देते हुए पुनः बोला ।

"ये जंगली फल अवश्य हैं किन्तु जहरीले नहीं हैं । आप इन्हें खा सकते हैं । " उस यक्ष ने मुस्कुराते हुए वे फल मनोज के हाथो में दिए और देखते ही देखते गायब हो गया । मनोज ने वे फल ले कर अपने जेब में रख लिए । और गुफा की तरफ लौट चला ।

लौटते हुए रास्ते में उसे सन्यासी सदानंद नजर आए । जो अपनी गुफा के सामने खड़े थे । मनोज उन्हें देख कर अति प्रसन्न हुआ ।

सन्यासी सदानंद उसे अपनी गुफा में ले गये । सन्यासी सदानंद का गुफा एक कक्षीय ही था । गुफा के अंदर दिवार से सटा कर छः बाई चार का एक मिटटी का चबूतरा बना हुआ था । जिसकी उंचाई भी दो ढाई फुट होगी । उस चबूतरे पर दो कम्बल बिछे हुए थे । सामने अग्नि की धूनी जल रही थी । गुफा के दीवारों पर कुछ देवी देवताओं की तस्वीरें लटक रही थी । वहीँ धूनी के इर्द गिर्द कुछ बर्तन पड़े हुए थे ।

"मैं उन सिद्ध संत महायोगी अखंडानन्द की तरह पूर्ण रूप से सिद्ध नहीं हुआ हूँ । मैं अभी साधक ही हूँ । मुझे भी आपकी तरह भोजन की आवश्यकता होती है । मैं दिन में सिर्फ एक बार भोजन लेता हूँ । कई बार अपनी साधना के दरम्यान उपवास रह कर भी साधना करना पड़ता है । साधनाओं के दरम्यान कभी कभी पन्द्रह, बीस दिन के अंतराल पर बीच में एक दिन भोजन ग्रहण करता हूँ । महायोगी को मैंने अभी तक भोजन लेते नहीं देखा । कभी कभी तो अपनी सिद्धियों के द्वारा महायोगी मेरे लिए भोजन सामग्री उपलब्ध करा देते हैं । किन्तु कभी कभी महीने दो महीने में एक बार राशन लेने के लिए निचे गंगोत्री भी जाना पड़ता है । यहाँ रह कर साधना करना बहुत कठिन है किन्तु महायोगी का संग इसे अत्यंत आनन्दायक बना देता है । छोटे छोटे कार्यों के लिए महायोगी अपनी सिद्धियों का इस्तेमाल नहीं करते हैं । कभी कभी लोग घूमते फिरते यहाँ ऊपर तक भी चले आते हैं । उनकी मुलाक़ात मुझसे तो हो जाती है किन्तु जब तक महायोगी न चाहे तब तक वे महायोगी से मुलाक़ात नहीं कर पाते । लोग उनकी गुफा के सामने से तो निकल जाते हैं किन्तु उनका ध्यान माहयोगी के गुफा की तरफ बिलकुल भी नहीं जाता । वे बहुत कम ही आम संसारी लोगों से मिलते हैं । मानसरोवर, कैलाश पर्वत आद्य योगी शिव का निवास स्थान है । ठीक उसके उपर कई सूक्ष्म लोक हैं । यक्षों के लोक के साथ साथ ही उसी इर्द गिर्द सिद्ध संतों का दिव्य लोक भी है । महायोगी अखंडानन्द का वहां बराबर आना जाना होता है । एक बार मुझे भी उनके साथ वहां उस दिव्य लोक में जाने का सौभाग्य मिला है । महायोगी अखंडानंद का परिचय थोड़े शब्दों में नहीं दिया जा सकता । आप आने वाले समय में उनके साथ रहते हुए धीरे धीरे उनका परिचय उनके रहस्य जान सकेंगे । " सन्यासी सदानंद

ने कहा ।

मनोज के कानों में मनीषी का नाम पहली बार गूंजा था । दोनों बातचीत करते करते अब महायोगी के गुफा तक पहुँच चुके थे । दोनों ने गुफा में प्रवेश किया । महायोगी गुफा के बाहरी कक्ष में ही मौजूद थे ।

"क्या तुम्हे घर परिवार की याद सता रही है । " महायोगी ने मनोज से पूछा ।

"आपसे कुछ भी नहीं छुपा है प्रभु । यह सत्य है की इस वक्त मैं अपने घर परिवार के बारे में सोच रहा हूँ । किन्तु मैं यहाँ खुश हूँ और मेरी छुट्टियां भी अभी काफी बची हुई हैं अगर आपकी इजाजत हो तो मैं अपनी पूरी छुट्टियां यहीं बिता कर ही जाना चाहता हूँ प्रभु । " मनोज ने जबाब दिया

जबाब सुन कर मनीषी मुस्कुराए । और एक तरफ रखे हुए फलों की तरफ ईशारा करते हुए कहा ।

"वहां रखे हुए फल ग्रहण कर लो । लगता है कल रात्री जागरण के कारण तुम्हारी नींद पूरी नहीं हुई है । एक आम इंसान का मन शांत रहे इसलिए उसके लिए आवश्यक है उसकी नींद पूरी हो । तुम थोड़ी देर विश्राम कर लो । और हाँ जेब में रखे हुए यक्ष के द्वारा दिया हुआ जंगली वृक्ष का फल भी ग्रहण कर सकते हो वे बिलकुल जहरीले नहीं हैं । " ऐसा कह कर महायोगी अखंडानन्द गुफा के भीतरी कक्ष में चले गये । साथ ही सन्यासी सदानंद भी पीछे पीछे गये ।

मनोज ने सबसे पहले वे जंगली फल ही जेब से निकाल कर खाए । अत्यंत स्वादिष्ट थे वे । उसके बाद मनीषी के द्वारा बताये वहीं रखा हुआ फल ग्रहण किया । वह गुफा के बाहरी कक्ष में बने हुए चबूतरे पर लेट गया । उसकी दृष्टि ऊपर शून्य में थी । वह किन्ही गहरे विचारों में खोने लगा । उसके दिमाग में विचारों के बाढ़ से आ ग्ये । विचारों के जाल में खोए खोए उसे कब नींद आ गयी उसे पता ही नहीं चला ।

मनोज की जब आँखें खुली तो उसने देखा । हवनकुंड के सामने ऊँचे आसन पर मनीषी बठे हुए हैं । साथ ही निचे एक उनी आसन बिछा कर हवनकुंड के ठीक सामने ही सन्यासी सदानंद भी बैठे हुए हैं । उसने देखा हवनकुंड में अभी तक कोई अग्नि प्रज्वलित नहीं थी । महायोगी ने बगल

से एक लोहे का चिमटा उठाया और हवनकुंड के अंदर बुझी हुई राख को थोड़ा सा कुरेद दिया । धधाकर अग्नि प्रज्वलित हो गयी । सन्यासी सदानंद ने वहीँ बगल में रखी पेड़ की कुछ सूखी टहनियां हवनकुंड में डाला । अग्नि की लपटें और बढ़ गयी । मनोज अब उठ कर वहीँ चबूतरे पर बैठ चुका था । वह बहुत ही कौतुहुलता से सारी गतिविधियों को देख रहा था ।

मनीषी ने कुछ मन्त्र बुदबुदाए । और वहीँ रखी हवन सामग्रियों में से अपने दाहिने हाथ से कुछ हवन सामग्री उठा कर सिर्फ तीन उँगलियों अनामिका, मध्यमा और अंगुष्ठ की मदद से हवनकुंड में छोड़ दिया । गुफा में चारो तरफ हवन सामग्री की सुगंध फ़ैल गयी । हवन सामग्री हवनकुंड में अर्पित करते हुए मनीषी के चेहरे के भाव को स्पष्ट पढ़ा जा सकता था । उनके चेहरे के भाव कुछ ऐसे थे जैसे अपने किसी प्रिय इष्ट को अपने हाथो से बहुत ही प्रेमपूर्वक कोई सामग्री अर्पित कर रहे हों । हवन का कार्यक्रम अपने अंतिम चरण पर पहुँच चुका था । तभी उन्होंने मनोज की तरफ देखा और बोला ।

" आओ तुम भी यहाँ आ कर सदानंद के बगल में बैठ जाओ । "

मनोज उठा और आ कर हवनकुंड के सामने बैठ गया । सन्यासी सदानंद ने वहीँ पड़ा हुआ एक उनी आसन उठा कर मनोज को देते हुए बोले ।

" लीजिये इसे बिछा लें । कोई भी अध्यात्मिक कार्य पूजा, हवन या ध्यान आदि करते हुए निचे उनी आसन अवश्य बिछाना चाहिए । इससे शरीर में संचित ऊर्जा धरती में नहीं समाती और मनोवांछित अभीष्ट की सिद्धि होने लगती है । इस दरम्यान अपने ही शरीर में उठ रहे ऊर्जा को साफ़ महशूश किया जा सकता है । "

" सामने उठ रही अग्नि की लपटें और अग्नि को तुम किस तरह परिभाषित करोगे । " मनीषी ने मनोज से पूछा ।

" अपने व्यवहारिक तथा पाठ्य पुस्तकों से अर्जित ज्ञान के द्वारा मैं सिर्फ इतना ही कह सकता हूँ की दो समान या असमान ठोस वस्तुओं के परस्पर घर्षण से अणुओं के टूटने के कारण यह उत्पन्न होती है । कभी कभी वायु के परस्पर घर्षण से दो असमान ऋणात्मक तथा धनात्मक

आवेशों के सम्पर्क के कारण भी यह उत्पन्न हो जाती है । जैसे बरसात में आसमानी बिजली आदि वहां भी अग्नि होती है । अग्नि की लपटें सिर्फ ऊपर की ओर ही उठती हैं । विज्ञान कहता है लपटों के चारो तरफ की हवा गर्म हो कर ऊपर की ओर उठती हैं और लपटें भी उन्ही गर्म हवा की वजह से ऊपर की ओर उठी हुई रहती हैं । इससे अधिक कोई ज्ञान इस सम्बन्ध में मेरा और नहीं है । " मनोज ने अपनी समझ के अनुसार मनीषी के प्रश्न का उतर दिया ।

योगिराज उत्तर सुन कर मुस्कुराए और कहा ।

" अपनी दृष्टि को हवनकुंड में उठ रहे अग्नि की लपटों पर केन्द्रित करो । "

मनोज ने वैसा ही किया । उसकी दृष्टि हवनकुंड में उठ रही लपटों पर जम गयी । उसने देखा हवनकुंड में अग्नि की लपटें और ऊपर उठने लगी । लपटों के उपरी भाग का रंग नीला होने लगा । उसने देखा अग्नि की लपट लपलपा कर उसकी तरफ बढ़ रही है । अंततः अग्नि की लपट की एक नीली अग्नि शिखा उठी और उठते हुए उसके आज्ञा चक्र (आँखों के उपर दोनों भौं के बीच का स्थान) को स्पर्श कर गयी । उसने महशूश किया जैसे वह अग्नि शिखा आज्ञा चक्र से होती हुई सारे शरीर में फ़ैल गयी हो । किन्तु शरीर में अग्नि से उत्पन्न दाह या जलन बिलकुल भी नहीं थी ।

अरे ! यह क्या ? बनारस का मणिकर्णिका घाट ! उसने पाया वह मणिकर्णिका घाट पर एक जलती हुई चिता के सामने थोड़ी दूरी पर बैठा हुआ था, और अपलक अनवरत जलती हुई चिता को निहार रहा था । धू धू... करती जलती हुई अग्नि और काला निकलता हुआ धुंवा । अग्नि की लपटें आकाश की ओर अपनी पूरे वेग से ऊपर की ओर उठ कर आकाश में ही विलीन हो रही थी । उसके अंदर स्वस्फूर्त चिन्तन चलने लगा । अग्नि ! अग्नि जिससे मानव मात्र का सम्बंध युग युग से चला आ रहा है आज वही अग्नि अपने गोद मे शरण दे कर एक मानव शरीर को मुक्त करने पर आमदा है । वही अग्नि भौतिक रूप में अन्न को पकाती है और शरीर के भीतर अन्न को पचाती भी है । मल को जला देने वाली अग्नि । मन के मल को भी और शरीर के मल को भी । यह अग्नि कितना दयावान है

मानव जब असहाय जंगलों में निवास करता था तब इसी अग्नि के सहारे अपने मन के भीतर के भय पर विजय पाता था भय जंगली जानवरों का । भय अँधेरे का । इस अग्नि ने हमेशा से मानवों की सहायता की है जीवित रहते भर में भी और मरने के बाद भी । यह अग्नि अपने प्रकाश से प्रकाशित कर देती है बाहर भी और अपने भीतर भी । पांच तत्वों में जिससे यह शरीर बना है उसमे यह अग्नि भी एक है । यह शरीर के भीतर हर क्षण परमात्मा के प्रकाश के रूप मे निवास करती है ।

उसके मन मे अग्नि के प्रति गहन चिंतन चल रहा था दृष्टि अभी भी जलती हुई चिता के अग्नि पर हीं थी ।

वह लगातार चिंतन में लीन था ।

यह अग्नि विद्युतीय रूप में सम्पूर्ण शरीर मे निवास करती है । इसी विद्युतीय अग्नि के कारण पैर में कांटा चुभता है और मष्तिष्क में अनुभूति होती है । विज्ञान इसे अलग रूप में परिभाषित करता है। विज्ञान कहता है शरीर के किसी भी भाग में होने वाले उद्दिपन की सूचना नर्व (Nerve) के माध्यम से विद्युतीय तरंग के रूप मे बह कर मष्तिष्क तक पहुंचता है । यह शरीर के भीतर स्थित विद्युतीय तरंग क्या है ! वही अग्नि हीं न !

ओह ! अग्नि तुम्हें प्रणाम मेरा प्रणाम !

यह अग्नि मानव सभ्यता के साथ कितनी हिली मिली हुई है भीतर की दुनिया मे भी बाहर की दुनिया मे भी । यह अग्नि क्रोध के रूप में मानव को अपना पुरुषार्थ दिखाने में सहायक भी होती है, जिससे उसके अस्तित्व की रक्षा होती है । और यही अग्नि अति रूप में बढ़ जाये तो क्रोध से स्वयं तथा दूसरों का विनाश भी कर देती है । परमाणु ऊर्जा के रूप में इस अग्नि का भयावह रूप किसी से छिपा है क्या । हे अग्नि ! तुम सृजनकर्ता भी हो कामाग्नि रूप में । तुम ब्रह्मा भी हो ! सृजन करने वाली तुन ही हो । तुम अन्न को उदर में पका कर पोषण भी करती हो तुम विष्णु भी हो । हे अग्नि तुम क्रोध रूप में शिव भी हो क्रोध जिससे नाश हो जाता है ।

उसका मन अग्नि के प्रति भाव विह्वल हो रहा था । उसका मन कह रहा था इस अग्नि के उपकारों को वह कैसे चुका पायेगा ।

वह अग्नि के चिंतन में लीन था अब वह धीरे धीरे ध्यानस्थ होने लगा था । उसका सारा ध्यान *मणिपुर चक्र* (नाभि से दो अंगुल निचे का स्थान) पर केंद्रित था और उस केंद्र से बहुत हीं मद्धिम आवाज़ में रं रं की ध्वनि उतपन्न हो रही थी जिसे वह साफ सुन सकता था । रं जो इस चक्र का बीज मंत्र है अग्नि तत्व को धारण करती है । वह मणिपुर चक्र के अंदर स्वयं को सूक्ष्म रूप में देख पा रहा था । वह देख रहा था मणिपुर चक्र में बहुत हीं मद्धिम लौ के साथ लाल और नीले रंग का मिला हुआ सुंदर आभाओं वाली अग्नि की लपटें उठ रही है और वह उन लपटों के शिखा के ऊपर एक शिशु रूप में लेटा हुआ है । और अपने पैर के अंगूठे को चूस रहा है ठीक उसी तरह जिस तरह कोई शिशु अपने अंगूठे को चूसता है । वह आनन्द मग्न हो कर ध्यानस्थ हो चुका था । परमात्मा के अदभुत सृजन इस अग्नि को वह समझने की कोशिश कर रहा था । अभी वह चिन्तन में मगन ही था की उसे अनायास ही अपने अंदर एक आवाज सुनाई दी ।

 “अग्नि प्राचीन काल से ही देवता के स्वरुप में पूजे जाते हैं । ये देवता ही हैं । इनका प्रमुख कार्य यज्ञ में डाली गयी आहुति को देवताओं तक पहुंचाना होता है । ये मनुष्य तथा देवताओं के बीच के संचारक हैं । इनका कार्य पृथ्वी तथा स्वर्ग के बीच दूत का है । मनुष्य के द्वारा किये गये प्रत्येक पूजा, कर्मकांड या यज्ञ आदि में इनकी उपस्थिति किसी न किसी रूप में होती ही है । सभी शुभ कार्यों में अग्नि ही पुरोहित होते हैं । तुमने देखा होगा ऐसे कार्यों में दीपक, अगरबती, या हवनकुंड आदि में अग्नि प्रज्वलित रहती है । वगैर इनके उपस्थिति के पूजन आदि कार्य सफल हो ही नहीं सकते । ”

 मनोज चौंका यह आवाज तो महायोगी की है । आगे भी उसके कानों में मनीषी की मधुर आवाज गूंजी ।

 “ये ऊर्जा उत्पन्न करने वाले हैं । ज्वलंत होने के कारण इनमे उष्मा होती है । ये गति उत्पन्न करने वाले भी हैं । इसे ऐसे समझो आज के युग के अनुसार । अगर एक पात्र में जल भर कर उसे चारो तरफ से बंद करके अग्नि पर रख दिया जाए तो क्या होगा । अधिक गर्म होने पर पात्र को फोड़ कर वाष्प बाहर आ जाएगा । इस गति के लिए आवश्यक

ऊर्जा किसने प्रदान की ? अग्नि देव ने ही न ! तुम अपने निजी जीवन में भी वाहनों इत्यादि में अग्नि देव के महत्व को समझ सकते हो । वाहनों में गति अग्निदेव के कारण ही है । हमारे पेट में ये जठराग्नि कहलाते हैं, और भोजन का पाचन करते हैं । गीता में इसे ही भगवान कृष्ण ने *वैश्वानर* कहा है । शरीर में भोजन का पाचन कर शरीर में अन्न के रस का प्रसारण में भी अग्नि देव एक कारक हैं । अग्नि का कार्य प्रकाश उत्पन्न करना भी है । जहाँ कहीं भी प्रकाश होता है अग्नि देव की उपस्थिति वहां आवश्यक रूप में होती है । अग्नि प्रकाशकर्ता हैं । सूर्य के माध्यम से अग्नि जीवन के संचालक हैं । वगैर अग्नि के इस सृष्टि की कल्पना भी नहीं की जा सकती । अब तुम सोचो इतने उर्जावान अग्नि में ऊर्जा कहाँ से आई ? यह ऊर्जा सर्वत्र व्याप्त ब्रह्म की सता से ही सभी भूतों में व्याप्त है । अग्नि को ऊर्जा भी ब्रह्म से प्राप्त होती है । तुम कह सकते हो ईश्वर से, परमात्मा से । ”

मनीषी की आवाज आनी अब बंद हो गयी । मनोज का ध्यान उसके अपने भीतर ही स्थित नाभि के पास दो अंगुल निचे *मणिपुर* चक्र पर खींचा चला जा रहा था । वहां उसने एक प्रकाश बिंदु देखा, जो धीरे धीरे फ़ैल कर एक गेंद की आकार का हो गया । उस प्रकाश के छोटे से गोले में एक आकृति उभरनी शुरू हुई । इस आकृति का स्वरूप एक मानव के जैसा ही था । किन्तु पहनावा वेशभूषा आदि किसी देवता का आभास करा रहा था । उसे आभास हुआ जैसे श्याम वर्ण के एक देव खड़े हों उस प्रकाशित गेंद के आकार के गोले में । और वह स्वयं को भी अपने मणिपुर चक्र में ही उस प्रकाशित गोले के समक्ष खड़ा पाया । सामने प्रकट हुए दैवीय आकृति के शरीर से सुनहले रंग की हल्की हल्की प्रकाश किरणे फूट रही थी । उनके दो सिर थे ठीक एक दुसरे के आगे पीछे । सामने के सिर के चेहरे पर बड़ी बड़ी मूंछे थी । उनके गले में स्वर्ण के आभूषण सुशोभित थे । उनके सात हाथ थे । तथा उन्होंने अपनी हाथो के कलाईयों में स्वर्ण के ही मोटे मोटे कड़े धारण कर रखे थे । उन्होंने लाल तथा पीले वस्त्र धारण कर रखे थे जिन पर मणि, रत्न आदि जडित थे । उनके दोनों सिरों के चेहरों पर अलग अलग भाव स्पष्ट देखे जा सकते थे । सामने के चेहरे पर सौम्यता तथा मुस्कुराहट थी । किन्तु पीछे के चेहरे पर क्रोध

स्पष्ट झलक रहा था । तथा आँखें बिलकुल लाल लाल थी । ऐसा लग रहा था जैसे उन आँखों से रक्त टपक पडेगा ।

मनोज को उस वक्त कुछ आवाजें सुनाई देने लगी जैसे जंगल आदि में आग लगी हो । हल्की सी फायं फायं फुफकार मिश्रित चिट चिट ... पट पट ... की आवाज । वह आवाज अब बदल कर मनुष्य की आवाज सुनाई देने लगी जो उस प्रकाशित गेंद में उभरे हुए अग्नि देव का था ।

" मैं ब्रह्मा का पुत्र अग्नि हूँ तथा *स्वाहा* मेरी पत्नी का नाम है । यज्ञों में मैं दो काष्ठ के अरणियों के मध्य उत्पन्न होता हूँ । मैं ऊर्जा और प्रकाश का कारक हूँ । तुम मेरे सौम्य और प्रसन्न रूप को देख पा रहे हो जो वैदिक यज्ञों आदि में स्थापित किया जाता है । मेरे इस रूप को बहुत से लोग *जातवेदा* के नाम से जानते हैं । मैं उत्पन्न सभी प्राणियों के बारे में सब जनता हूँ, इसलिए जातवेदा हूँ । तथा मैं ज्ञान रूप में भी स्थित हूँ इसलिए ज्ञानाग्नि हूँ । मैं ज्ञान में स्थित हो कर ज्ञान को बुद्धि में प्रकाशित करता हूँ इसलिए भी जातवेदा हूँ । मैं ज्ञानाग्नि से वेदों को उत्पन्न करने वाला हूँ इसलिए भी जातवेदा हूँ । इस जातवेदा के रूप में मैं हवनकुंड में अपने इन सात हाथों से घृत और हव्य ग्रहण करता हूँ । ठीक इस सिर के पीछे जो मेरा दूसरा सिर और रूप है यह उग्र रूप है । इसे सभी *क्रव्याद* के नाम से जानते हैं । मृतक के चिता में मैं इस रूप में प्रकट होता हूँ जो इस मणिकर्णिका के घाट पर तुम्हारे सामने जल रहा है । चिता पर मृतक के शरीर को अपने में पचा कर फिर उसे रूपांतरित कर पञ्च भूतों में मिलाने के कारण ही मुझे क्रव्याद की संज्ञा दी गयी है । मेरे इसी उग्र रूप के कारण जंगलों में दावानल देखा जा सकता है, जो अत्यंत विनाशकारी होता है । मानवीय भूलों के कारण ही मेरा यह दूसरा उग्र विनाशकारी रूप सामने आता है । मैं *पावक* हूँ यानि पवित्र करने वाला, चाहे मैं किसी भी रूप में रहूँ । जब मैं बोल रहा हूँ तब तुम्हेंमेरी सात जिह्वाएँ भी दिखाई दे रही होंगी । मेरे इन सात जिह्वाओं को यज्ञकर्ता ऋषि मुनियों ने अपने अनुभवों के आधार पर सात नाम दिए हैं जो क्रम से मेरे ही गुणों को बतलाते हैं । प्रथम जिह्वा का नाम *काली*(Black) है । जो जलने के बाद बचे शेष काले अवशेषों के कारण दिया गया है । दूसरी जिह्वा *कराली (भयंकर)* है, जो उग्र लपटों के

कारण कही गयी है । तीसरी जिह्वा *मनोजवा* कहलाती है जो मन के सामान मेरी तीव्रता के कारण कहलायी। मेरी चौथी जिह्वा *सुलोहिता* कही गयी, जो रक्त के सामान लाल रंग के कारण बतलायी गयी है । पांचवी जिह्वा का नाम *धूम्रवर्णी* कहा गया जो मेरे कभी कभी अत्यधिक धुवें से भरे स्वरुप के कारण रखा गया है । मेरे अंदर से चट चट की ध्वनी के साथ यकाएक प्रकाश बिंदु के चिंगारी स्फुरण के कारण मेरी छठी जिह्वा *स्फुर्लिंगी* कहलाई । मेरा स्वरुप पुरे विश्व को रुचिकर है तथा सभी की रूचि मुझ में है, इसलिए मेरी सातवी जिह्वा को *विश्वरूचि* कहा गया है । मेरे पुरे स्वरुप का दर्शन तुम्हे नहीं हो पा रहा जो की अदृश्य है । मेरे दो सिर तथा सात भुजाएं तो तुम्हे दिखाई दे रहे होंगे । मेरे इन दो सिरों के निचे इस शरीर के अलावा भी दो और शरीर हैं । यानी कुल तीन शरीर है मेरा, मेरे पैर भी तीन हैं । किन्तु अभी तुम मेरे एक शरीर और दो पैरों को ही देख पा रहे हो । जब यज्ञ कार्य पूर्ण विधि विधान से किया जाता है और उसमे त्रुटी नहीं होती, तभी मैं अपने पूर्ण शरीर तथा पैरों के साथ प्रकट होता हूँ । यज्ञकुण्ड में डाले गये घृत और हव्य सामग्रियों से मेरे शरीर तथा पैर पुष्ट होते हैं और दृश्यमान हो जाते हैं । इन सात भुजाओं से मैं यज्ञकुण्ड में डाले गये हव्य पदार्थों को ग्रहण करता हूँ यह तो मैं पहले बतला ही चुका हूँ । किन्तु जो सूक्ष्म दृष्टि से देखते हैं उन्हें मेरी इन भुजाओं का प्रकाश स्वरुप सात रंग भी दिखाई देता है, जिसे अभी तुम देख पा रहे हो । मेरा अत्यंत प्रिय स्थान यज्ञकुण्ड है । मैं देवताओं और मनुष्यों दोनों को प्रिय हूँ । देवताओं को मेरे द्वारा हव्य मिलता है, और मनुष्य मेरी मदद से ही देवताओं को प्रसन्न कर उनकी कृपा पाते हैं । ”

मनोज बहुत ही ध्यान से अग्निदेव की बातें सुन रहा था । अग्निदेव की बातें सुनते सुनते वह मंत्रमुग्ध था । वह अपनी ही मन्त्रमुग्धता में बोल पड़ा ।

“ हे पूर्वजों, ऋषियों के पुरोहित रूप में प्रथम वन्दनीय यज्ञ के देवता अग्निदेव आपको बारम्बार प्रणाम है । हे ! सूर्य में स्थित हो कर पुरे विश्व का भरण पोषण करने वाले अग्नि देव आपको बारम्बार प्रणाम है । हे ! मेरे शरीर में सूक्ष्म रूप से निवास करने वाले मेरे शरीर को ऊर्जा देने

वाले अग्निदेव आपको बारम्बार प्रणाम है । हे ! अग्निदेव मैं अभी के इस सूक्ष्म दृष्टि से देख पा रहा हूँ, मुझे ऐसा कोई भी स्थान नजर नहीं आता जहां आप नही हों । बुद्धि में ज्ञानाग्नि रूप में स्थित हो कर ब्रह्मविद्या को प्रकाशित करने वाले हे ! अग्नि देव ! आपको प्रणाम ! आपको प्रणाम ! आपको प्रणाम ! "

ऐसा कह कर मनोज ने अग्निदेव के सामने हाथ जोड़े हुए ही अपना सिर झुका लिया और घुटनों के बल बैठ गया ।

उसने देखा अग्नि देव के हाथ में कोई सुनहरा चमकदार सी वस्तु प्रकट हुई थी । वह एक सोने का चैकोर पत्तर था जिस पर एक तरफ कुछ ज्यामितीय आकृतियाँ तथा अक्षर खुदी हुई थी । जिसे मनोज के हाथों में देते हुए अग्निदेव ने कहा ।

"तुमने पहले भी यह सुना है मैं मनुष्य और देवताओं के बीच की कड़ी हूँ । बल्कि यही नहीं मैं तुम्हारे सामने एक राज प्रकट कर रहा हूँ । तुम्हारे या किसी भी मनुष्य के शरीर के अंदर विदुतीय तरंग मौजूद है इससे तो तुम्हे इनकार नहीं होगा । और जहाँ विद्युत् है वहां मैं यानी अग्नि मौजूद रहता हूँ । यही इसी तुम्हारे शरीर में मौजूद विदुतीय तरंग में स्थित अग्नि के द्वारा मैं तुम्हें या किसी भी मनुष्य को देवता बनने का अवसर प्रदान करता हूँ ।"अग्निदेव ने जोर देते हुए कहा ।

उन्होंने आगे बोलना जारी रखा

"बस तुम्हें कुछ यौगिक विधियां और ध्यान आदि थोड़ी बहुत आनी चाहिए । यही शारीरिक विद्युतीय तरंग यानी अग्नि तुम्हारे या किसी भी मनुष्य और देवता के बीच की कड़ी है । इसी विदुतीय तरंग को सक्रीय कर के शरीर में स्थित कुण्डलिनी के शक्ति को जागृत किया जाता है । कुण्डलिनी के जागरण के दरम्यान कई साधकों को विद्युतीय झटका भी लगता है । यह तो तुमने अनेक साधकों आदि के मुख से अवश्य सुना ही होगा । कोई जरूरी नहीं की हर साधक को विद्युतीय झटका लगे । कुण्ड में मैं उत्पन्न होता हूँ सूक्ष्म रूप से कुण्ड में मेरा निवास स्थान है, जैसे हवनकुण्ड में । ठीक इसी तरह शरीर के अंदर भी कुण्ड है जिसमे असीम ऊर्जा सुषुप्त अवस्था में स्थित होती है । इसे ऐसे भी कह सकते हो इस कुण्ड में मैं यानी अग्नि सूक्ष्म तौर पर विदुतीय रूप से

सुषुप्ति की अवस्था में स्थित होता हूँ । इस कुण्ड में जो शक्ति स्थित होती है उसे आमतौर पर कुण्डलिनी शक्ति के नाम से भी जाना जाता है । कुण्डलिनी का यह नाम कुण्ड में ऊर्जा के निवास के कारण ही है । कुण्ड का शाब्दिक अर्थ होता है गड़्ढा या खड्ड । मनुष्य शरीर में भी यह गड़्ढा प्राकृतिक रूप से है जो ऊर्जा से भरा हुआ है । किन्तु यह ऊर्जा पूर्ण रूप से सक्रीय नहीं होता। सक्रीय होने पर यह ऊर्जा ऊपर की ओर उठती है । इस कुण्ड में मेरा सूक्ष्म रूप से निवास ही तुम्हे मनुष्य से देवता बनने में सहायक होता है और मैं बनता हूँ कड़ी । यही मनुष्य और देवता के बीच का अग्नि यानी मेरा कड़ी के रूप में कार्य करना कहलाता है यह बहुत ही सूक्ष्म और गूढ़ अर्थ है । यह यंत्र जो मैंने तुम्हे दिया है इसे तुम महायोगी अखंडानन्द को देना वह तुम्हें इसके बारे में और विस्तार पूर्वक सम्पूर्ण अनुभव करवाते हुए बताएँगे । क्योंकि वे गुरु हैं वे इसमें सक्षम हैं । ”

मनोज ने अग्निदेव के द्वारा दिया हुआ वह सोने का यंत्र अपनी जेब में रख लिया ।

तभी अग्निदेव के शरीर से एक नीली लपट निकली और उसके सिर के चोटी को स्पर्श कर गयी । अग्नि देव के उस लपट के सिर को स्पर्श करते ही मनोज ने महशूश किया जैसे उसके रीढ़ की हड्डी में विद्युतीय तरंग उत्पन्न हो गयी हो और सम्पूर्ण शरीर में फैल गयी । तथा पुनः वह विदुतीय तरंग शरीर से सिमट कर रीढ़ की हड्डी से होती हुई सिर के चोटी तक पहुँच गयी हो, और फिर शरीर में सर्वत्र फैल गयी हो ।

उसकी आँखें खुली तो सामने महायोगी और सन्यासी सदानंद हवनकुंड के सामने बैठ कर उसकी तरफ देखते हुए मुस्कुरा रहे थे । महायोगी की दृष्टि मनोज के ऊपर ही थी । मनोज को बोल नहीं फूट रहे थे । उसका गला रुंधा हुआ था । उसने अपनी जेब टटोली और दंग रह गया वह यंत्र उसके जेब में मौजूद था ।

“ अग्नि से तो तुम परिचित हो ही गये ? ” महायोगी ने उससे मुस्कुराते हुए पूछा ।

“ मुझे पता नहीं । मुझे कुछ भी समझ नहीं आ रहा । अभी अभी में मणिकर्णिका घाट पर था, फिर अपने ही शरीर के अंदर मणिपुर चक्र में अग्निदेव के सामने खड़ा था और अभी यहाँ आपके सामने बैठा हूँ ।

अग्निदेव ने यह यंत्र मुझे देते हुए यह कहा की इसे मैं आपको दे दूं । सूक्ष्म जगत से स्थूल जगत में यह ठोस यंत्र कैसे आया यह मेरी समझ से बिलकुल परे की बात हैं । मेरा मन, मेरी बुद्धि, मेरी तर्क क्षमता सभी अवाक हैं । ये सभी जबाब दे गये हैं, ये काम नहीं कर रहे । ” मनोज ने अग्निदेव के द्वारा दिया हुआ वह यंत्र महायोगी को देते हुए कहा ।

मनीषी ने उसके हाथो से वह यंत्र ले लिया और उसे अग्निदेव का सम्मान करते हुए माथे से लगाया । और फिर मनोज को देखते हुए कहा।

“ शुभ संकेत हैं ये मन, बुद्धि, अहंकार, तर्क आदि काम न करें वही अच्छा । ”मनीषी ने हँसते हुए कहा । यह सुन कर बगल में बैठे सन्यासी सदानंद भी साथ हँस पड़े ।

“अभी का हवन कार्य सम्पन्न हुआ । शेष कार्य पुनः रात्री में सम्पन्न होगा । तब तक तुम आराम कर सकते हो या बाहर घूमने फिरने जा सकते हो । ” ऐसा कह कर महायोगी अखंडानन्द अग्निदेव के द्वारा दिया हुआ वह यंत्र अपने हाथ में पकडे हुए गुफा के अपने भीतरी कक्ष में चले गये । मनोज सन्यासी सदानंद के साथ गुफा के बाहर आ गया ।

“ मुझे आवश्यक शेष मन्त्र जप पुरे करने है । मैं अपनी गुफा में ही हूँ रात्री में हवन के समय पुनः मुलाकात होगी । तब तक आप यहाँ घूमे फिरे या गुफा के बाहरी कक्ष में जा कर आराम कर सकते हैं । ” यह कह कर सन्यासी सदानंद अपनी गुफा की तरफ बढ़ गए ।

मनोज ने गुफा में जा कर आराम करने से बेहतर वहीं उस स्थान पर विचरण करने का मन बनाया । मनोज सूर्य से छन छन कर आती हुई रश्मियों को देख रहा था । रश्मियों में स्थित सात रंगों को वह स्पष्ट तौर पर पहचान सकता था । उसे अग्निदेव की हाथें याद आ गयी । उसकी नजरें जिधर भी जाती वह जो भी देखता पेड़, पौधे, वनस्पतियाँ, पहाड़ आसमान में तैरते सफेद बादल के टुकड़े, झरने में बहता हुआ कल कल करता हुआ स्वच्छ पारदर्शी निर्मल जल । सभी में से उसे बहुत ही सूक्ष्म रश्मियाँ निकलती हुई दिखाई दे रही थी । वह आनन्द से विभोर था । इससे पहले उसे ऐसा अनुभव कभी नहीं हुआ था । यहाँ तक की जब भी उसकी दृष्टि अपने हाथ, पैर आदि अंगों पर जाती उसे उसमे से भी बहुत ही सूक्ष्म प्रकाश की रंग बिरंगी रश्मियाँ निकलती नजर आ रही

थी। सारा जगत उसे अभी प्रकाशमय नजर आ रहा था । अचानक घटित हो रहे इस तरह के अदभुत अनुभव के कारण वह आनन्दित भी था, तथा उसका मन थोड़ा घबराया हुआ भी था । वह आराम से एक स्थान पर जमीन पर ही जहां हरे भरे घास उगे हुए थे उन पर बैठ कर सामने पर्वतों को निहारने लगा । पर्वतों को निहारते निहारते पर्वत की चोटी पर उसकी नजर थोड़ी देर ठहरी फिर वह चोटी के ऊपर आसमान को तल्लीनता से निहारने लगा । वह वहीँ घास पर लेट गया और अपलक दृष्टि से उपर नीले आसमान को तल्लीनता से निहारने लगा । आसमान बिलकुल साफ था जैसे किसी ने गिले कपडे से कांच की तरह आसमान को पोछ दिया हो । कहीं कहीं एकाध सफेद रुई के फाहे के समान छोटे छोटे बादल के टुकड़े भी नजर आ रहे थे । किन्तु उनकी संख्या कम थी । उसकी नजर नीले आसमान पर ही जमी हुई थी । आसमान में नजर आ रहे सफेद बादल के टुकड़े गायब हो गए । अचानक उसे नीले आसमान में एक सुनहला प्रकाश बिंदु टिमटिमाता हुआ नजर आया । वह प्रकाश बिंदु धीरे धीरे बढ़ने लगा । वह कौतुहुलता पूर्वक उस बढ़ते हुए प्रकाश बिंदु को देखने लगा । वह प्रकाश बिंदु और भी बढ़ने लगा । धीरे धीरे वह प्रकाश बिंदु एक मानवीय शक्ल के रूप में उभरने लगा । वह उभरती हुई आकृति प्रथम दृष्टि में तो मानवीय लगी किन्तु गौर से देखने पर वह किसी देवता का प्रतीत हो रही थी । मनोज स्पष्ट रूप से देख पा रहा था उस उभरते हुए सुनहले चेहरे को जिसने कानो में कुंडल और सिर पर मुकुट धारण कर रखे थे जिसका रंग भी सुनहला था । ऐसा प्रतीत हो रहा था जैसे वे कुंडल और मुकुट सोने के बने हुए थे । उस सुनहले चेहरे पर मुस्कुराहट फैली हुई थी । उस उभरते हुए चेहरे से बिलकुल हल्की हल्की प्रकाश की सुनहरी किरणें फूट रही थी । वे फूटती हुई सुनहरी किरणें बिलकुल मंद थी इसलिए मनोज की आँखें नहीं चैंधिया रही थी । वह बिना किसी बाधा के उस प्रकट होते हुए चेहरे को देख पा रहा था । धीरे धीरे वह मुस्कुराता हुआ सुनहला चेहरा एक बड़े से बादल की आकार जैसा बढ़ गया । उस मुस्कुराते हुए सुनहले चेहरे का बढना अभी और भी जारी था । मनोज के मन में अब भय उत्पन्न हुआ । धीरे धीरे वह मुस्कुराता हुआ सुनहला चेहरा बढ़ कर सारे आसमान को घेर लिया जहाँ

तक मनोज की दृष्टि जा पा रही थी । मनोज ने भयभीत हो कर एकदम से अपनी आँखें मूँद ली । जब मनोज ने अपनी आँखें खोली आसमान में नजर आ रहा वह मुस्कुराता सुनहला चेहरा गायब था । मनोज सोचने लगा क्या यह अग्निदेव का ही कोई दूसरा रूप है । क्या यह उनकी ही कोई लीला है । या यह चेहरा सूर्यदेव का था । किन्तु जब उसकी दृष्टि आसमान में थी तब तो सूर्यदेव कहीं अलग ही पश्चिम की तरफ चमक रहे थे । उसे यह अच्छी तरह स्मरण है । उसने मन ही मन सोचा, क्या यह भगवान का चेहरा था । क्या भगवान विष्णु ने उसे दर्शन दिए थे । आखिर इस चेहरे का क्या रहस्य है ! अदभुत उधेड़बुन में था वह । वह जल्द से जल्द उस चेहरे का रहस्य समझना चाह रहा था । वह मनीषी से उस चेहरे के बारे में जल्द जल्द से बताना चाह रहा था । वह उनसे इस चेहरे के बारे में सबकुछ समझना चाह रहा था । वह वहां से उठा और गुफा की तरफ चल दिया ।

4
दैवीय प्रकाश के जगत में प्रवेश ....

रास्ते में वह सन्यासी सदानंद के गुफा होते हुए गया उसने देखा सन्यासी सदानंद गुफा में जप कार्य में लीन थे । वह चुपचाप गुफा की तरफ आगे बढ़ा । थोड़ी दूर आगे जाने पर उसने देखा लगभग छः फुट कदकाठी के एक बहुत ही तेजस्वी संत रास्ते पर बढे चले आ रहे हैं । संत की दृष्टि उस पर पड़ी तो संत मुस्कुराए । मनोज भी मुस्कुराया और

अपने संस्कार और शिष्टाचार वश उन्हें वेशभूषा से संत जान कर प्रणाम किया । अदभुत तेज थी उन संत महाराज के ललाट पर । तथा साथ ही उनके आँखों में आकर्षण लिए एक अदभुत चमक और तेज थी । उनके आँखों में झाँकने पर ऐसा महशूश होता जैसे प्रकाश की तीक्ष्ण किरणें निकल रही हो और जो विदुतीय ऊर्जा से भरी हुई हो । आँखों से चिंगारी निकलती मालूम पड़ती । एक क्षण से ज्यादा दृष्टि नहीं टिका पा रहा था मनोज उनके आँखों में । उन्होंने ऊपर से निचे तक बिलकुल श्वेत वस्त्र धारण कर रखे थे । उनके केश बिलकुल धवल चांदी के सामान थे और दाढ़ी मूंछें भी वैसी ही लम्बी और श्वेत थी । उनके व्यक्तित्व में ऐसा बेहद आकर्षण था जैसे उन पर दृष्टि पड़ते ही नजरें चिपक जाती । नजरें उनके व्यक्तित्व के आकर्षण में बंध जाती ।

दोनों में कोई बातचीत नहीं हुई वे दोनों एक ही मार्ग पर बढे चले जा रहे थे आगे आगे संत महाराज और पीछे पीछे मनोज । योगिराज अखंडानन्द की गुफा की तरफ संत महाराज को बढ़ते देख मनोज ने सोचा । ये जरुर कोई सिद्ध संत है और योगिराज से मिलने जा रहे हैं। दोनों योगिराज के गुफा के सामने थे, पहले संत महाराज ने गुफा में प्रवेश किया फिर उसके बाद पीछे पीछे मनोज ने । योगिराज अखंडानन्द अपनी भीतर की गुफा में ध्यानस्थ थे । संत महाराज उन्हें ध्यानस्थ देख गुफा की बाहरी कक्ष में ही उस मिटटी के चबूतरे पर अपना आसन जमा लिया । ठीक उनसे कुछ दूरी पर मनोज भी चबूतरे पर बैठ गया । कुछ क्षणों के बाद संत महाराज ने वहीँ पड़ा हुआ एक उनी आसन लिया और उसे चबूतरे पर बिछा कर उस पर बैठ गये और एक ही क्षण में ध्यानस्थ हो गये । मनोज को ऐसा महशूश हुआ जैसे यह संत महाराज पहले भी इस गुफा में आ चुके हों और इस गुफा से परिचित हैं ।

मनोज की दृष्टि अभी भी संत महाराज पर ही थी । मनोज ने देखा उनके शरीर से बहुत ही सूक्ष्म रंग बिरंगी प्रकाश तरंगे निकल रही हैं । तथा उसने यह भी पाया की प्रकाश किरणों के साथ साथ बहुत ही बारीक ध्वनी की गूँज भी उनके शरीर से आती प्रतीत हो रही थी । यह ध्वनी की गूँज बहुत ही हल्की थी और बहुत ही ध्यान देने पर सुनाई दे रही थी । बहुत हद तक भौंरे के हल्के गुंजन के सामान यह आवाज थी ।

कुछ देर के बाद मनोज स्वतः ही ध्यानस्थ होने लगा । उसे लगा की वह अपने ऊपर नियन्त्रण खो रहा है । स्वतः ही उसकी आँखें बंद होने लगी । वह चाह कर भी अपनी आँखें नहीं खोल पा रहा था । उसका ध्यान आज्ञा चक्र पर केन्द्रित होने लगा । वह महसूश कर सकता था आज्ञा चक्र पर एक चुम्बकीय आकर्षण को । कोशिश करने पर भी चाह कर वह आज्ञा चक्र से ध्यान को नहीं हटा पा रहा था । उसे लगा वह एक अँधेरे सुरंगनुमा गुफा में तेजी से प्रवेश करता चला जा रहा है । वह गुफा अपने अंदर उसे तेजी से खिंच रही थी । उसका सम्पूर्ण शरीर भारहीन महसूश हो रहा था उसे । वह अपने आप को गुफा में शून्य में तैरता हुआ देख रहा था । उसका शरीर बहुत ही तेजी से शून्य में तैरते हुए गुफा के सुरंग में आगे बढ़ता चला जा रहा था । सुरंगनुमा गुफा में आगे बढ़ने की गति बहुत ही तेज थी उसकी । तभी उसे सुरंगनुमा गुफा के दुसरे छोर पर एक दूधिया प्रकाश बिंदु नजर आने लगा । वह प्रकाश बिंदु धीरे धीरे बढ़ता चला जा रहा था । दरअसल वह दूधिया प्रकाश उस सुरंगनुमा गुफा के दुसरे छोर से आ रहा था । कुछ ही क्षणों में उसने महसूश किया जैसे वह उस सुरंगनुमा गुफा से तेजी से निकल कर दुधिया प्रकाश के सागर में गिर गया हो । चारो तरफ बहुत ही तेज दुधिया प्रकाश व्याप्त थी इस अदभुत लोक में । सिर्फ प्रकाश ही प्रकाश । अचानक से सर्वत्र फैला हुआ वह दुधिया प्रकाश गायब हो गया बिलकुल एक क्षण में ही । अब चारो तरफ सुनहला पीला धूप की तरह का प्रकाश चारो तरफ धीरे धीरे फैलने लगा । इस प्रकाश में धूप की तरह उष्णता नही थी । इस पीले प्रकाश के फैलने के साथ साथ उसने एक और अजीब बात देखी । सामने धुंध थी और उस धुंध के अंदर एक अलग ही लोक उभर कर सामने नजर आ रहा था । धीरे धीरे धुंध छट रही थी और उस लोक का एक एक भाग उभर कर सामने आ रहा था । सर्वप्रथम उसे सामने सोने के रंग के दो बड़े बड़े स्तम्भ नजर आए । फिर थोड़ी और धुंध छटी तो उसने उन दो स्तम्भों के पीछे दो और सुनहले स्तम्भ देखे । उन चारो स्तम्भों पर एक सुनहले रंग का छत टिका हुआ था । दोनों सामने तथा पीछे के स्तभों के बीच बहुत ही सुंदर मेहराब (Arch)बने हुए थे चारो तरफ से । उन मेहराबों और स्तभों पर तांत्रिक ज्यामितीय आतियाँ उभरी हुई थी । चारो तरफ

से घिरी हुई सुनहले रंग के ही दिवार भी नजर आ रहे थे । दो तरफ के दीवालों में दरवाजे भी नजर आ रहे थे । उसे महशूश हुआ जैसे वह एक सोने के महल में आ गया हो । उसके सामने एक क्षण में ही पीछे के सुनहले स्तम्भों के बीच में करीब स्तम्भों से दो हाथ पीछे एक सोने का सिंहासन प्रकट हो गया । वह सोने का सिंहासन ऐसा दिखाई दे रहा था जैसे कोई स्थिर रथ हो । उस रथनुमा सिंहासन के आगे सुनहले घोड़े जुटे हुए थे जिनसे हल्की हल्की हरी प्रकाश की किरणें फूट रही थी । जो देखने में सोने की घोड़े की प्रतिमा जैसे दिख रहे थे । उन घोड़ों के पीछे घोड़ो की ऊंचाई से भी अधिक उंचा वह सोने का बड़ा सिंहासन स्थित था । तथा बड़े सिंहासन के आगे साधारण रथ की तरह सारथि के बैठने का स्थान भी बना हुआ था । कुलमिला कर वह एक बड़े सिंहासन युक्त एक सुनहला रथ ही प्रकट हो गया था सामने । जिसमे बारह पहिये जुटे हुए थे, छः एक तरफ तथा छः दूसरी तरफ ।

उस रथनुमा सिंहासन के प्रकट होते ही उसके अगल बगल दोनों तरफ छः छः फीट की दूरी छोड़ते हुए सामने पंक्ति बनाते हुए कई और सिंहासन प्रकट हो गये । उन दोनों तरफ प्रकट हुए सिहासनो का मुख सामने प्रकट हुए रथनुमा सिंहासन की तरफ था । इन सिंहासनों का रंग भी सुनहला था । किन्तु ये प्रकट हुए सिंहासन रथनुमा नहीं थे । अचानक ही उन सिंहासनों पर एक एक कर बैठी हुई मानवीय आकृतियाँ प्रकट होने लगी जो देखने में देवताओं की तरह लग रही थी । उन प्रकट हुई आकृतियों ने बिलकुल देवताओं की तरह का पोशाक धारण कर रखा था। कुछ ने रेशमी पीली धोती तो कुछ ने सफेद धोती धारण कर रखी थी । ऊपर का वस्त्र भी गहरा पीला या सुनहरे रंग का था । कुछ ने ऊपर के वस्त्र नही धारण कर रखे थे, केवल पीले या सफेद रंग का पटका लटका रखा था कंधे से कमर तक । उन्होंने कमर में भी रंग बिरंगे पटके बाँध रखे थे । गले में मोतियों तथा अन्य बहुमूल्य रंग बिरंगे रत्नों की माला धारण कर रखी थी सबने । सभी के सिर पर सुनहला मुकुट था । तथा चेहरे पर एक मुस्कान थी । उन देवताओं के सिंहासनों की पंक्तियों में कुछ और सिंहासन प्रकट हुए जिन पर ऋषि मुनि बैठे हुए थे । जिनमे कुछ के सिर के केश तथा दाढ़ी मूंछे यहाँ तक की भौं का रंग भी सफेद

था । जबकि कुछ ऋषियों के केश, दाढ़ी, मूछें बिलकुल काले भौंरे के रंग के सामान थे । कुछ ऋषियों ने सफेद तथा कुछ ने गेरुए वस्त्र धारण कर रखे थे ।

कुछ क्षणों के बाद सामने के रथनुमा सिंहासन पर श्वेत और सुनहले रंग का मिश्रित प्रकाश पुंज प्रकट होने लगा । उस प्रकाशपुंज के मध्य खड़ी हुई एक मानवीय आकृति भी स्पष्ट नजर आने लगी । अचानक से श्वेत और सुनहले रंग का प्रकाशपुंज एकदम से गायब हो गया और सिंहासन पर एक दिव्य पुरुष प्रकट हो गए । जो वहीं उस बड़े सिंहासन पर बैठ गए । उन्होंने भी देवताओं की तरह का वस्त्र धारण कर रखा था किन्तु उन्होंने कुछ अलग ढंग का मुकुट धारण कर रखा था, जो अन्यों से अकार में भी बड़ा था । उस मुकुट के चारो तरफ चक्राकार छोटे छोटे भाले जैसी पतली पतली त्रिकोणीय आकृतियाँ उभरी हुई थी । उस चमचमाते सुनहले मुकुट से प्रकाश की सुनहली रश्मियाँ छिटकती हुई मालूम पड़ रही थी । आभूषण भी उन्होंने औरों की अपेक्षा ज्यादा ही धारण कर रखे थे । उनके कानो में सोने के कुंडल लटक रहे थे । उनके शरीर के उपरी हिस्से तथा दोनों बांहों पर सोने का कवच था तथा दोनों हाथो में कमल के पुष्प थे ।

उस आकृति के प्रकट होने के बाद रथनुमा सिंहासन पर सारथि के बैठने के स्थान पर भी एक और आकृति प्रकट हुई । जिन्होंने नारंगी रंग मिश्रित लाल वस्त्र धारण कर रखे थे जिसमे नारंगी रंग की आधिक्यता थी । उन्होंने भी अन्य देवताओं की तरह सुनहरा मुकुट धारण कर रखा था । आभूषण भी अन्य देवताओं की तरह ही था । सारथि का मुख रथ पर स्थित बड़े सिंहासन पर उभरी दैवीय आकृति की तरफ था तथा वे दोनों हाथ जोड़े हुए एक घुटना निचे टेके हुए तथा दुसरा थोड़ा उठाये हुए बैठे हुए थे ।

उस रथनुमा बड़े सिंहासन पर प्रकट हुए उस दिव्य आकृति को देख कर मनोज एकदम से चौंक पड़ा । वह चेहरा कुछ जाना पहचाना सा लगा उसे । वह अपने स्मरण शक्ति पर जोर देने लगा । अरे ! हाँ आसमान में दिखाई देने वाला वह चेहरा तो कुछ इसी तरह का था । उसे स्मरण हो आया । बिलकुल वही चेहरा है जो नीले आसमान में उसने देखा था वही

दिव्य सुनहला चेहरा !

"सूर्यलोक में तुम्हारा स्वागत है । "उस बड़े सिंहासन पर विराजमान दैवीय स्वरुप ने कहा ।

" मैं उत्पति कारक, जगत नियन्ता, निरंतर गतिशील, सर्वत्र दृष्टि रखने वाला सभी सुर (देवता), असुर (राक्षस), यक्षों, गन्धर्वों, ऋषियों, मुनियों, तपस्वियों के द्वारा पूजा जाने वाला तथा इन सब का कारक सूर्य हूँ । सभी भूतों का कारक मैं ही हूँ । सभी की उत्पति मेरे कारण ही होती है । और मैं सभी जड़ चेतन में सूक्ष्म रूप से सदैव विद्यमान रहता हूँ । सभी चेतन प्राणी के स्वास्थ्य का कारण मैं ही हूँ । समय का आभास भी मैं ही करता हूँ । समय का कारण भी मैं ही हूँ । मेरे बाहर भीतर ब्रह्म, विराट पुरुष विराजित हैं उनकी ही शक्ति से मैं यह सब करता हूँ । जो ब्रह्म तुममे भी निहित हैं किन्तु तुम्हे इसका ज्ञान एवं अनुभव नहीं । बहुत जल्द तुम ज्ञान को प्राप्त करोगे क्योंकि बहुत ही दिव्य सत्ता की तुम्हारे ऊपर असीम कृपा बनी हुई है । तुम अभी ध्यानावस्था में हो इसलिए मैंने अपना ताप समेट लिया है जिसके कारण तुम्हे मेरी उष्णता महशूश नही हो रही । " सिंहासन पर विराजित सूर्यदेव की वाणी गूँज उठी ।

मनोज अदभुत रूप से आश्चर्यचकित था उसे विश्वाश नहीं हो रहा था वह इस वक्त सूर्यलोक में मौजूद है । और उसके सामने स्वयं सूर्यदेव मौजूद हैं ।

" मेरी उत्पति विराट पुरुष (ईश्वर) के संकल्प से उनके नेत्रों से हुई । (चक्षो सूर्यो अजयात) इसलिए ऋषि मुनियों ने मुझे परमात्मा का आँख भी कहा है । फिर मैं अंश रूप में अपनी माता अदिति के तप के कारण उनके गर्भ से उत्पन्न हुआ इसलिए आदित्य कहलाया । इस अंशावतार में मेरे पिता कश्यप हुए । मैं माता अदिति के गर्भ से उत्पन्न होने के पूर्व भी सदा विद्यमान था । मैं तुम्हारे पृथ्वीलोक से सम्बंधित सूर्य हूँ । सूर्य और भी हैं अनंत सूर्य हैं । " भगवान सूर्य ने इस प्रकार अपना परिचय दिया ।

तभी मनोज ने देखा जहाँ सूर्यदेव विराजमान थे उसके बाएं तरफ एक और सिंहासन प्रकट हो गया । उस सिंहासन पर जो आकृति उभरी वह

स्त्री आकृति थी । उनका सम्पूर्ण शरीर भी गहनों, आभूषणों से ढका हुआ था । उन्होंने गहरे केसर रंग के वस्त्र धारण कर रखे थे । तथा उनके चेहरे का रंग भी ऐसा था जैसे दूध में हल्का केसर मिला हुआ हो । उनके चेहरे पर सौम्य मुस्कुराहट थी । अभी अभी प्रकट हुई देवी जिस सिंहासन पर बैठी थी ठीक उसके बगल में एक और सिंहासन प्रकट हो गया ।

तभी एक और अजीब घटना घटी उस प्रकट हुई दैवीय नारी आकृति के शरीर से ही एक और नारी आकृति प्रकट हो गयीं और उस बगल के सिंहासन पर विराजित हो गयी । उनके वस्त्रों का रंग जामुनी था । उन्होंने भी सारे गहने, आभूषण धारण कर रखे थे । उनका रंग थोड़ा सांवला था । उनके चेहरे पर भी सौम्य मुस्कान थी । अब सूर्यदेव के सिंहासन के बगल में दो नारी आकृतियाँ भी सिंहासन पर विराजमान हो चुकी थी । तभी एक और आवाज गूंजी ।

" तुमने यह तो जान ही लिया है कि सामने के सिंहासन पर स्वयं भगवान सूर्य विराजित है । उनके बगल में पहले जो आकृति प्रकट हुई और अब सिंहासन पर विराजमान है वे भगवान सूर्य की पत्नी संज्ञा है । जिनसे उनके तीन पुत्र उत्पन्न हुए **यम** , रेवंत और **वैवस्वत मनु** और एक पुत्री **यमी** या **यमुना** जिसे तुम पृथ्वी पर नदी रूप में देखते हो उत्पन्न हुई । संज्ञा के पिता **विश्वकर्मा** हैं । वैवस्वत मनु के पुत्र ही **इक्ष्वाकु** हुए जिनके वंश में आगे जा कर भगवान **राम** ने अवतार लिया और रावण का संहार किया था । और ठीक उनके बगल में जो देवी विराजमान हैं वे उनकी दूसरी पत्नी छाया है जो की पहली पत्नी संज्ञा का ही एक रूप हैं । जिनसे उनके पुत्र **शनिदेव**, तथा **सावर्णी मनु** उत्पन्न हुए, इनसे दो पुत्री ताप्ति जिसे तुम नदी रूप में देखते हो तथा विष्टि है । "

अचानक ही सारा दृश्य गायब हो गया और वहां एकदम से अँधेरा छा गया । चारो तरफ तारे टिमटिमाते नजर आने लगे । ऐसा लगा रात्री हो गयी हो । किन्तु कानों में वह आवाज अभी भी गूँज रही थी ।

"जब सूर्यदेव अस्त होते हैं तब वे अपनी पत्नी रात्री (राज्ञी) के साथ विश्राम पर होते हैं, जो उस सिंहासन पर विराजित संज्ञा का ही रूप हैं । "

क्षण क्षण दृश्य बदल रहा था रात्री एकदम से गायब हो गयी । और अब चारो तरफ सुनहला और बहुत हल्की लालिमा का आभा लिए हुए

मदि्धम प्रकाश चारो तरफ फैल गया । आँखों को अदभुत आनन्द दे रहा था वह प्रकाश ।

"दिनकर (सूर्य) के सिर के चारो ओर जो प्रभा तुम देख रहे हो वह प्रभा भी इनकी पत्नी संज्ञा का ही सूक्ष्म रूप है । प्रातः काल में यह प्रभा अपने चरम रूप में होती हैं । " कानों में वह चुम्बकीय आवाज अभी भी गूँज रही थी ।

"भगवान भुवन भास्कर के परिवार के बारे में तुमने विस्तृत वर्णन पुराण उपनिषदों आदि में पढ़ा ही होगा । ज्योतिष में इन्हें ग्रह मानते हो तुम मानव ! किन्तु सत्य तो यह है की ये स्वयं देवता हैं । तुम्हारे पृथ्वी समेत अन्य ग्रह तथा और अनेक पिण्ड इनके ही आकर्षण से बंधे हुए हैं और इनके इर्दगिर्द घूर्णन करते हैं । " कानो में गूंजी इस आवाज के साथ वह पहले का दृश्य पुनः उपथित हो गया ।

सामने पंक्ति में सिंहासन पर बैठे हुए एक दिव्य आभा वाले मुनि की आवाज थी वह जो अभी तक मनोज के कानो में गूँज रही थी । आकर्षक व्यक्तित्व था उनका वे श्वेत केशधारी थे तथा जिनकी दाढ़ी मूंछें भी सफेद थी यहाँ तक की भौं भी बिलकुल सफेद । दाढ़ी नाभि तक लटक रही थी । उनके माथे पर अदभुत तेज था वाणी में वैसी ही अदभुत मधुरता । उनके आवाज में पिता जैसी वात्सल्यता थी । उन्होंने श्वेत वस्त्र धारण कर रखे थे तथा उनके गले में रुद्राक्ष की माला लटक रही थी । उनके दोनों कलाई, बांह पर भी रुद्राक्ष की छोटी छोटी माला बंधी हुई थी ।

अकस्मात ही मनोज के सामने महायोगी अखंडानन्द के चेहरे की छवि उभरी और आवाज आई ।

"अभी तुमने जिनकी आवाज सुनी वे स्वयं वशिष्ठ मुनि हैं । सूर्यदेव की सभा में इनकी सूक्ष्म उपस्थिति हमेशा बनी रहती है । इन्हें जहाँ तुम हो वहीं से झुक कर प्रणाम करो । यहाँ उपस्थित सभी प्रणम्य हैं सभी को प्रणाम करो । असल में तुम यह सब देख कर इतने आवाक हो की साधारण शिष्टाचार भी भूल गये हो । " ऐसा कह कर महायोगी अखंडानन्द की उभरी हुई आकृति गायब हो गयी ।

महायोगी की उपस्थिति जान कर मनोज के हृदय में अत्यंत आहलाद उत्पन्न हुआ । महायोगी वहां उपस्थित हैं यह जान कर मनोज

का हृदय कमल खिल गया था । अत्यंत प्रसन्न हुआ वह । महायोगी के वचन सुन कर उसने वहां उपस्थित सभी गणों को साष्टांग लेट कर मन ही मन भाव से प्रणाम किया ।

तभी वहां दो मानवीय अश्व आकृतियाँ प्रकट हुई । जिनका शरीर तो मानव जैसा था किन्तु सिर अश्व का था । दोनों आकृतियाँ एक साथ बोल पड़ी " हम सुर्यपुत्र नासत्य तथा दस्र हैं, और सब हमें प्रसिद्ध वैध अश्विन कुमार के नाम से जानते है । हमारी माता बडवा है जो वहां बैठी हुई माता संज्ञा का ही अश्वा रूप हैं । " यह कह कर दोनों प्रकट हुई आकृतियाँ गायब हो गयी ।

सामने सूर्य देव पूर्ण रूप से दैदीप्यमान हो कर अपने सिंहासन पर विराजित थे । उनके चेहरे पर करूणा भरी मुस्कान तैर रही थी । मनोज की दृष्टि लगातार उनके चेहरे पर ही गड़ी हुई थी । मनोज के दिमाग में अनेकों बाते चल रही थी । वह सोच रहा था पुरे सृष्टि में जीवन देने वाले साक्षात भगवान सूर्य उसके सामने विराज रहे हैं । यह वही सूर्यदेव हैं जो न जाने विश्व के कितने कितने वैज्ञानिकों के लिए आज भी पहेली बने हुए हैं । विश्व के न जाने कितने वैज्ञानिक आज भी इन्ही सूर्यदेव पर अपने शोधकार्य कर रहें हैं । इनसे निकलने वाली रश्मियाँ भी शोध का विषय हैं । यह सूर्यदेव युगों युगों से न जाने कितने कितने रहस्य अपने अंदर छिपाए हुए हैं । प्रत्येक जगह भूत, भविष्य और वर्तमान में घटित होने वाली हर घटना का साक्षी एकमात्र सूर्यदेव ही तो हैं, इसीलिए तो इन्हें परमात्मा की आँख भी कहते हैं । न जाने युगों युगों में क्या क्या घटा है वह इनसे कुछ भी छिपा नहीं है ।

अभी मनोज यह सब मनन कर ही रहा था, तभी सामने सूर्यदेव के छाती के बीच से फुटबाल के अकार लिए हुए एक लाल रंग का प्रकाश का गोला निकला । और ठीक उनके सिंहासन से सात आठ फुट ऊपर जा कर अवस्थित हो गया । अत्यंत तेजी से घूमता हुआ महशूश हो रहा था वह लाल रंगीय प्रकाश का गोला । तत्काल ही सर्वत्र लाल रंग की रश्मियाँ फैल गयी । ऐसा लग रहा था जैसे लाल रंग के बल्ब का प्रकाश चारो तरफ फैला हुआ है । यह लाल रंग कुछ ऐसा ही था जैसे सुबह में सूर्यदेव का गहरा लाल रंग होता है । देखते ही देखते उस लाल रंग के

गोले ने मानवीय आकृति का रूप लेना शुरू किया । सूर्यदेव के सिर के ऊपर सात आठ फुट की उंचाई पर उस लाल रंग के प्रकाशीय गोले से अब एक दिव्य आभा वाले दैवीय रूप का प्रकटीकरण हो चुका था । प्रकट हुई दैवीय आकृति किसी पुरुष देवता के प्रतिमूर्ति लग रहे थे । उनके चेहरे पर काली दाढ़ी तथा मूछैं थी जो ज्यादा बढ़ी हुई नहीं थी । उन्होंने गहरे लाल रंग की धोती धारण कर रखी थी । जिनके किनारों पर चार अंगुल चैड़े सुनहले वस्त्र के गोटे टंके हुए थे । उनके छाती तथा बांहों पर सोने का अत्यंत चमकीला कवच शोभयमान हो रहा था । उनके एक हाथ में सोने से बना आरीनुमा अस्त्र था । तथा दुसरे हाथ में उन्होंने सोने की बनी हुई छोटी सी बरछी तथा अंकुश पकड रखा था । सिर पर सोने का मुकुट था जिससे प्रकाश उर्मियाँ छिटक रही थी । कानों में सोने के कुंडल लटक रहे थे । गले में बेशकीमती रत्नों की माला उनके व्यक्तित्व को चार चाँद लगा रहे थे । विशेष कर सफेद मोती की माला उनकी अदभुत शोभा बढ़ा रही थी । उनके शरीर से निकल कर लाल रंग की प्रकाश किरणें चारो तरफ व्याप्त हो रही थी ।

इसी बीच मनोज ने एक विशेष बात म॒ह॒शूश की । जब से इस लाल रंग के प्रकाश के गोले का उदय हुआ है तब से मनोज को हल्का हल्का ठंढ म॒ह॒शूश होने लगा था । यह ठंढ ऐसी ही थी जैसे गर्मी के मौसम में तीन या चार बजे सुबह का ठंढ हो । यह हल्की हल्की ठंढ अभी भी बरकरार थी । मनोज उस प्रकट हुए देव स्वरुप को निहारने लगा । उनके चेहरे पर अदभुत सौम्य मुस्कान थी । उनके सुंदर चेहरे पर अदभुत तेज व्याप्त था तथा आँखों से भी तेज निकल रहा था ।

प्रकट हुई वह आकृति धीरे धीरे मनोज की तरफ बढ़ने लगी । मनोज के काफी नजदीक आ कर वह आकृति स्थिर हो गयी । उस दैवीय आकृति ने अपने अंगूठे से मनोज के आज्ञा चक्र पर स्पर्श कर दिया ।

एक ही क्षण में सारा दृश्य बदल गया । मनोज ने अपने आप को काफी उंचाई पर अकाश में स्थित पाया । वह उस उंचाई से निचे की धरती को देख पा रहा था ठीक उसी तरह जिस तरह से सैटेलाइट से ली गयी धरती की छवि या विडियो में दिखाई देता है ।

मनोज काफी विस्मित था । उसने ध्यान दिया तो पाया उसके बगल में वही दैवीय आकृति मौजूद थी जिन्हें वह अभी सूर्यदेव की सभा में देखा था । और जिन्होंने उसके पास आ कर उसके भौं के बीच में स्पर्श किया था । मनोज ने निचे गौर किया तो पाया यह तो पृथ्वी पर ठीक सुबह तीन या चार बजे का समय था । चारो तरफ बहुत बहुत हल्की लालिमा फैली हुई थी जिसका पता बहुत ही गौर करने पर चल पा रहा था ।

यह भारत का ही कोई गाँव था । निचे के सारे दृश्य वह स्पष्ट तौर पर देख पा रहा था । पूर्णतया ग्रामीण परिवेश था निचे । निचे अँधेरे में कुछ हलचल नजर आ रही थी । गाँव में जिन लोगों ने पशु पाल रखे थे वे सुबह उठ कर अपने पालतू पशुओं को चारा आदि देने की तैयारी में थे । कहीं कहीं पशुशालाओं से धुंवें उठते हुए भी दिखाई दे रहे थे । शायद पशुपालक ग्रामीणों ने मच्छर तथा इसी तरह के कीट आदि से बचाव के लिए अपने पशुशालाओं में आग जला कर धुंवा कर रखा था ।

बगल में खड़े देव ने मनोज के सिर के चोटी पर हल्का स्पर्श किया । तभी एक क्षण में ही दृश्य पुनः बदला । यह दोपहर का समय था । अब वे दोनों एक हरे भरे चारागाह के ऊपर अवस्थित थे । निचे कुछ चरवाहे अपने पशुओं को चरा रहे थे । पहाड़ी स्थान था वह । चारागाह से सटे ही पहाड़ों पर जंगल शुरू हो रहा था । तथा कुछ पशुएँ उस जंगल में भी चर रहे थे ।

पुनः देव ने उसके चोटी का स्पर्श किया । फिर से दृश्य बदला । शाम के चार पांच बजे का समय होगा यह । अब निचे एक बहुत ही बड़ा विवाह मंडप दिखाई दे रहा था । उस मंडप में सामूहिक विवाह का आयोजन हो रहा था । लगभग सौ से अधिक वर वधूओं के जोड़े अपनी विवाह की तैयारी में दिख रहे थे । बहुत ही मधुर ध्वनी में ब्राह्मणों के द्वारा वेद मन्त्रों का गायन किया जा रहा था निचे विवाह मंडप में । जिसे मनोज ऊपर स्पष्ट सुन पा रहा था । वेद मन्त्रों को सुन कर उसके हृदय में अदभुत स्फुरणा और आनन्द उत्पन्न हो रही थी । वह दैवीय पुरुष अभी भी उसके बगल में मौजूद थे । एक मनोहर मुस्कान थी उनके चेहरे पर ।

धीरे धीरे बहुत ही मंद फैली लाल प्रकाश निचे चारो तरफ बढ़ने लगी । खास कर पृथ्वी के पूर्वी छोर पर अदभुत और आकर्षक, मनोहर लालिमा

बिखरी हुई थी । प्रतीत हो रहा था जैसे अब सूर्यदेव का सुबह में उदय होने वाला है । यह लालिमा बहुत मंद गति में बढती चली जा रही थी । ऊपर से देखने पर धरती पर स्वर्ग सा आभास करा रहा था वह धीरे धीरे फैलता मंद मंद लाल रंग का प्रकाश । वातावरण में फैले ठंढक के कारण बहुत ही हल्का ठंढ भी महशूश कर पा रहा था मनोज ।

"मैं वेदों में वर्णित पूषण देव हूँ । लोग मुझे पूषा के नाम से भी जानते हैं । पोषण तथा पुष्टि प्रदान करने के कारण मेरा यह नाम मुझको मिला है । यह सुबह का समय ही मेरे विचरण करने का प्रिय समय है । सुबह के समय में ऑक्सीजन की भरपूर मात्रा होती है और यह ऑक्सीजन भी पोषण का एक प्रमुख अवयव है । सुबह का समय विराट पुरुष ईश्वर के ध्यान के लिए सर्वोतम समय होता है । और यह ध्यान आनन्द का पोषक है । और जहाँ पोषण है वहां मैं हूँ । यह पोषण कार्य मैं सूर्यदेव की प्रेरणा और शक्ति से ही करता हूँ । मैं तथा सूर्यदेव एक ही हैं वस्तुतः कार्यों के दृष्टिकोण से भिन्न भिन्न दिखाई देते हैं । " मनोज के बगल में मौजूद देव ने कहा ।

"तुम्हे इन सभी दृश्यों को दिखाने का उदेश्य मुझे मेरे कार्यों को तुम्हें समझाना है । मेरा प्रमुख कार्य पृथ्वी पर स्थित सभी जीवों का पोषण है जिसे मैं सूर्यदेव के शक्ति की बदौलत ही कर पाता हूँ । तुमने निचे पशुशालाओं में तथा चारागाहों में पशुओं को देखा । चारागाहों में पशुओं को मार्ग भटकने से मैं बचाता हूँ । उन्हें मैं अपने अंकुश से नियन्त्रण में रखता हूँ । तुम्हारे पालतू पशुओं की रक्षा करना भी मेरा कार्य है । पशुओं को खड्ड आदि में गिरने से बचाना भी मेरा एक कार्य है । मार्ग भटके हुए पशुओं को सही सलामत पशुशालाओं तक पहुंचाना भी मेरा कार्य है। तुमने निचे विवाह के मंडप भी देखे । विवाह मंडप में वेद मन्त्रों का गायन हो रहा था जो की तुमने सुना । उन वेद मन्त्रों में वर वधूओं के सुखी गृहस्थ जीवन के लिए मुझसे ही प्रार्थना की जा रही थी और यह मैं प्रदान करता हूँ । इन सब कार्यों के पीछे सूर्यदेव की ही शक्ति तथा प्रेरणा होती है । मैं तो केवल कारण मात्र हूँ । जब इस प्यारे भारत देश में वैदिक काल था । जब वेद मन्त्रों की ऋचाएं सर्वत्र गूंजती थी । तब उन ऋचाओं में मुझसे मेरे उपरोक्त कार्यों के लिए प्रर्थानाएं की जाती थी । भले ही वह

समय अब नही रहा । अब वेद ऋचाएं कहाँ गूंजती हैं ! तुमने निचे जो दृश्य देखे वह उसी वैदिककालीन समय के कालखंड थे । लोग अब वैदिक संस्कृति को भूलते जा रहे हैं किन्तु मैं तो अपने कार्य में भगवान् भुवन भास्कर की प्रेरणा से आज भी तत्पर हूँ । ” ऐसा कह कर पूषण देव मौन हो गए ।

धीरे धीरे सारा दृश्य सिमट कर शून्य में समा गया । मनोज ने फिर से अपने को सूर्यदेव के उसी सभा में खड़ा पाया । मनोज ने सूर्यदेव के सिंहासन से सात आठ फुट की उंचाई पर अपनी दृष्टि डाली । पूषण देव अब वहां मौजूद नहीं थे । और न हीं अब लाल रंग का प्रकाश वहां बिखरा हुआ था । बाकी सब पूर्ववत ही था ।

मनोज की आँखें गीली थी पूषण देव को याद कर के । मनोज ने मन ही मन सोचा सूर्यदेव और अग्निदेव की महता तो आज भी बनी हुई है और यह समाप्त भी नहीं होगी । किन्तु हमने समय के अंतराल के बाद एक वैदिक देवता को खो दिया है । जिनसे मैं अभी अभी मिला हूँ । आज उनकी चर्चा कहाँ होती है । सिर्फ वेद के मन्त्रों में ही उनका नाम लिया जाता है वह भी वगैर उन मन्त्रों के अर्थ जाने हुए । जबकि पूषण देव आज भी अपनी सूक्ष्म उपस्थिति का आभास कराते रहते हैं विवाह मंडपों में तथा पालतू पशुओं के बीच । बस चेतना का स्तर बढ़ा हुआ होना चाहिए उनको महशूश कर लेने के लायक ।

उस विशाल स्वर्णमयी सभाकक्ष में सूर्यदेव अपने सिंहासन पर पूर्ववत विराजमान थे । सामने के दोनों तरफ पंक्तियों में ऋषि, मुनि तथा देवगण भी यथावत विराजमान थे । सूर्यदेव की दोनों पत्नियां संज्ञा तथा छाया भी यथास्थान सिंहासनों पर आसीन थी । दुनिया के सारे आश्चर्यों के भाव के साथ मनोज भी सूर्यदेव के सिंहासन के सामने हाथ जोड़े खड़ा था । उसकी आँखों में कौतुहूलता के भाव थे न जाने आगे का समय कौन सा रहस्य छिपाए हुए है ।

अचानक ही मनोज के दिमाग में अनेको अनेक प्रेरक विचार उठने लगे । उसे अंदर से प्रेरणा मिलने लगी । वह सोच रहा था मुझे नित्य ही अपने दैनिक नित्य कर्मो में गायत्री मन्त्र के जप को भी अवश्य अवश्य शामिल करना चाहिए । मनोज मन ही मन सोच रहा था मुझे अधिक से

अधिक ध्यान के लिए अपना समय देना चाहिए । उसके मन में आया अभी जितना समय मैं ध्यान के लिए देता हूँ वह पर्याप्त नहीं है । उसने अभी थोड़ी देर पहले ही पूषण देव के साथ आनन्दमयी सुबह का स्वाद चखा था । इसलिए उसके मन में आया की अब सुबह तीन बजे ही उठ कर अपने नित्य कर्मों से निवृत हो कर ध्यान लगाऊंगा । थोडा समय सुबह टहलने में भी बिताऊंगा ऐसा उसके मन में चल रहा था । अब शाम को भी थोडा समय निकालूँगा ध्यान के लिए । अध्यात्म से सम्बन्धित एक से एक प्रेरक विचार उसके मन में आने लगे । उसे महशूश हुआ जैसे भीतर ही भीतर कोई तेजी से इन विचारों को उत्पन्न कर जीवन को उन्नत अध्यात्म की ओर बढ़ने के लिए प्रेरणा दे रहा है ।

तभी अचानक से उसके कानों में तेज आवाज में वेद मन्त्रों के उच्चारण सुनाई दिए । उसने देखा पंक्ति में बैठे ऋषि, मुनि, तपस्वी संतों ने वेद मन्त्रों का गायन शुरू कर दिया है । वेद मन्त्रों के वे विशुद्ध पाठ उसके हृदय के रसायन को बदल रहे थे । वैदिक मन्त्रों के ध्वनी प्रभाव से उसके शरीर के एक एक नस नाडी में विद्युत् स्पंदन महशूश होने लगा था । सारे शरीर में एक सनसनाहट सी एक झुरझुरी सी महशूश की उसने । वह आलौकिक आनन्द में खोने लगा ।

वहां फैला हुआ सारा प्रकाश गायब हो चुका था । अँधेरा छा गया उस सभा मंडप में । तभी मनोज ने अपना सिर उठा कर देखा । ठीक उसके सिर से आठ दस फुट ऊपर एक स्वर्णिम प्रकाश बिंदु चमक रहा था, जिससे मंद स्वर्णिम प्रकाश निकल रहा था । अचानक से एक सोने का देव पुरुष प्रकट हो गये उस प्रकाश बिंदु के स्थान पर ठीक मनोज के सिर के ऊपर । उन्हें देखने पर प्रतीत हो रहा था जैसे कोई सोने की पुरुष मूर्ति हो । तभी सूर्यदेव के सिर के चोटी से एक स्वर्णिम प्रकाश बिम्ब निकल कर उस प्रकट भये स्वर्णिम मूर्ति के आज्ञा चक्र से जुड़ गया । ऐसा लग रहा था जैसे कोई सोने की पतली पाइप जुड़ गयी हो उनके सिर से । अब उस स्वर्णिम मूर्ति के शरीर से पतले पतले स्वर्णिम प्रकाश बिम्ब निकल निकल कर वहां उपस्थित प्रत्येक देव, ऋषियों, मुनियों के सिर से जुड़ने लगे । अंत में एक पतला स्वर्णिम प्रकाश बिम्ब मनोज के सिर से भी आ कर जुडा । मनोज के सिर से स्वर्णिम प्रकाश बिम्ब

जुड़ते ही, एकदम भक्क से सारे सभा मंडप में सोने के रंग का सुनहला प्रकाश चारो तरफ फैल गया । तेज स्वर्णिम प्रकाश ! इतना तेज स्वर्णिम प्रकाश था वह की मनोज की आँखें चैंधिया गयी । मनोज ने सिर उठा कर देखा तो वह स्वर्णिम देव मूर्ति अब उसके सिर के ऊपर से हट कर सूर्यदेव के सिंहासन से आठ दस फुट ऊपर स्थित हो गयी थी । सोने के रंग के प्रकाश बिम्ब अब गायब हो चुके थे और उस स्वर्णिम देव मूर्ति से तीक्ष्ण स्वर्णिम प्रकाश निकल कर चारो तरफ फैल रहा था । वह सोने के रंग का प्रकाश बढ़ने लगा । इतना बढ़ गया की वहां चारो और सिर्फ स्वर्णिम प्रकाश ही प्रकाश नजर आ रहा था । और कुछ भी नजर नहीं आ रहा था सिर्फ स्वर्णमयी प्रकाश ही प्रकाश ! धीरे धीरे अब स्वर्णिम प्रकाश छंटने लगा । वर्तमान में बहुत हल्का स्वर्णिम प्रकाश चारो तरफ व्याप्त था । चारो तरफ सभामंडप में उपस्थित सभी लोग नजर आने लगे थे । सभी के चेहरे पर सौम्य मुस्कुराहट थी । मनोज ने सिर उठा कर पुनः उस स्वर्णिम मूर्ति की तरफ देखा । अब उस दैवीय स्वर्णिम मूर्ति में कुछ हलचल दिखाई दे रहा था । प्रकाश छंटने पर उनका रूप रंग अब मनोज स्पष्ट तौर पर देख सकता था । प्रकट हुए स्वर्णिम देव अपनी बाँहें उठाए हुए थे । उनकी भुजाएं स्वर्णिम थी । ऐसा लग रहा था जैसे वे अपनी फैली हुई बाँहें हिला कर कुछ शुभ कार्य करने को प्रेरित कर रहे हों । उनका सारा शरीर सोने के रंग का था, यहाँ तक की चमड़ी का रंग भी । बाल लम्बे तथा घुंघराले थे । बालों का रंग भी सुनहला था । उन्होंने सोने के रंग का ही धोती धारण कर रखा था । ऊपर स्वर्ण का कवच छाती तथा बांहों पर शोभयमान था । सोने का ही मुकुट सिर पर तथा सोने के कुंडल कानों में शोभ रहे थे । तभी सभा में स्थित सिंहासन पंक्तियों में से एक सिंहासन पर बैठे देव सदृश्य दिखने वाले एक देव पुरुष उठ कर खड़े हो गये । उन्होंने पीली धोती धारण कर रखी थी जिसके किनारे गहरे लाल थे । हरे रंग का एक पटका जिसके किनारे पर सुनहला गोटा जड़ा हुआ था, उनके कंधे पर दोनों तरफ से कमर तक लटक रहा था । उनके गले में सुंदर श्वेत एवं लाल रंग मिश्रित माला शोभ रही थी । उन्होंने भी सोने के मुकुट धारण कर रखा था । उन्होंने एक हाथ में सोने का घडा जो स्वर्ण के सिक्कों से भरा हुआ था, जिन सिक्कों पर बिष्णु एवं लक्ष्मी के चित्र

अंकित थे लिया हुआ था । (कभी इसी कलश स्वर्ण पात्र में अमृत भरा हुआ था)तथा दूसरी हाथ में एक पुस्तक पकड रखा था । जिसे वे अपने सिंहासन पर उठने से पहले रख चुके थे । उन्होंने उठ कर दोनों हाथ जोड़ कर प्रकट हुए देव को संबोधित करते हुए कहा ।

"हे ! हिरण्यबाहु ! हे हिरण्यहस्त ! हे हिरण्यपाणी ! हे हिरण्यजिह्व ! हे हिरण्याक्ष ! हे हिरण्यकेशी ! हे हरितकेश ! आपको प्रणाम है ! आपको प्रणाम है ! आपको प्रणाम है ! " फिर उन्होंने मनोज की तरफ उन्मुख होते हुए कहा ।

" सामने आप जिस स्वर्णमयी देव को देख रहे हैं इन्हें आप सभी सविता या सवितर देव के नाम से पृथ्वी पर पुकारते हैं । जिनका उल्लेख गायत्री मन्त्र में भी हुआ है । ये मनुष्य समेत जगत के सारे चैतन्यधारियों को सदैव सद्कार्यों की तरफ प्रेरित करते हैं । बुद्धि को सद्प्रेरणा देना इनका मुख्य कार्य है । ये अपनी बाहुओं को उठा कर जैसा की आप देख रहें हैं, सद्प्रेरणा देते हैं । ये बुद्धि को पवित्र करने वाले हैं । तथा बुद्धि को सत्य की ओर प्रेरित करते हैं । धरती पर फैली हुई उपस्थित सूर्यदेव की रश्मियाँ ही इनके प्रेरणा के रूप में फैली हुई हैं । सूर्यदेव और ये अभी अलग दिख रहे हैं किन्तु ये दोनों एक ही हैं । सुबह उदित होते आदित्य से एकाकार हो कर ये स्वर्णिम प्रकाश किरणों में चेतना भरते हैं । जिससे जगत के सारे प्राणियों में ऊर्जा का संचरण होता है । ये बुद्धि, धन, तथा ऐश्वर्य के भी दाता हैं । ये यज्ञ के रक्षक भी हैं । ये पितरों को शान्ति प्रदान करने वाले तथा उन्हें अपने धाम तक पहुंचाने वाले भी हैं । ये स्वास्थ्य प्रदाता भी हैं । मैं देवताओं का वैध धन्वन्तरी इन्हीं की प्रेरणा से अपना चिकत्सा कार्य सुचारू रूप से चलाता हूँ । ये तुम्हारे शरीर में विद्युत् रूप में वास करते हैं तथा शरीर को चेतना प्रदान करते हैं, तथा बुद्धि को सद्कार्यों की तरफ प्रेरित करते हैं । इनके अंदर ब्रह्म की शक्ति है । इनके भीतर भी ब्रह्म है, इनके बाहर भी ब्रह्म है ब्रह्म का विस्तार अनंत है । ये विराटपुरुष ईश्वर या ब्रह्म के अत्यंत कृपा पात्र हैं । " ऐसा कह कर वैधराज धन्वन्तरी मौन हो गए और अपने स्थान पर बैठ गए ।

प्रकट हुए करुणामूर्ति सविता देव ने अपनी प्रेम भरी दृष्टि मनोज के ऊपर डाली । मनोज के अंदर जैसे विद्युत् का स्पंदन हुआ । सारे शरीर में कुछ क्षणों के लिए जैसे बिजली दौड़ गयी हो, ऐसी अनुभूति की मनोज ने । फिर एक पतली सुनहली प्रकाश बिम्ब सविता देव के आज्ञा चक्र से निकली और मनोज के आज्ञा चक्र से जुड़ गयी ।

एक ऊँची पहाड़ी चोटी पर मनोज ने अपने को सविता देव के साथ खड़ा पाया । शाम ढलने को थी । दूर पश्चिम पहाड़ियों के ओट में तप्त लाल सूर्यदेव अस्ताचल को तैयार थे । धीरे धीरे सूर्य देव पहाड़ियों के पीछे अस्त होते चले गये । अब सर्वत्र सिर्फ उनका लाल प्रकाश व्याप्त था । सूर्यदेव की लालिमा धीरे धीरे कम होने लगी । सारा आकाश हल्का पीलापन लिए हुए सुनहला दिखाई देने लगा । धरती पर भी हल्का हल्का प्रकाशित पीलापन लिए हुए सुनहलापन भास् रहा था । यह सुनहली प्रकाश किरणें अत्यधिक तीक्ष्ण नहीं थी पीले रंग के प्रकाश ने उनमे थोड़ी मद्धिमता ला दी थी । प्रकाश का सुनहला रंग थोड़ी कम चमक लिए हुए था फिर भी सुन्दरता और मोहकता की कमी नहीं थी ।

“यह संध्या का समय है । साधक इस समय आम तौर पर गायत्री मन्त्र के जप के साथ त्रिकाल संध्या करते हैं । त्रिकाल में एक काल यह भी है शाम का समय । यह मेरा समय है । शाम के समय संध्या का मतलब हुआ दिन भर कर्मों के द्वारा अर्जित फलों का हिसाब किताब । अच्छे कर्मों के फलो के प्राप्ति हेतु धन्यवाद अर्जन एवं बुरे कर्मों के फलो से मुक्ति के लिए पश्चताप एवं क्षमा प्रार्थना, तथा बुरे कर्म न करने का संकल्प लेना । ” बगल में खड़े सविता देव ने कहा ।

सविता देव ने मनोज के कंधे को स्पर्श किया । दृश्य बदल गया । सामने गंगा नदी थी, यह सुबह का समय था । दोनों एक ऊँची शिला पर खड़े थे । चारो तरफ हल्की हल्की गुलाबी प्रकाश की किरणें बिखरी हुई थी । कुछ ही क्षण बाकी थे सूर्योदय को । वातावरण में वनस्पतियों की एक अदभुत सुगंध मौजूद थी । कुछ ही क्षणों में सूर्यदेव उदित हुए । चारो तरफ तीक्ष्ण सुनहली किरणें फ़ैल गयी । ऐसा लग रहा था जैसे पूरी धरती स्वर्ण से ढंक गयी हो । तभी सवितर देव की वाणी मनोज के कानो में गूंजी ।

"सामने मेरे इष्टदेव उदित हो रहे हैं । मैं इन्ही की प्रेरणा से सभी में प्रेरणा भरता हूँ सद्कार्यों के लिए, यह जानकारी तो तुम्हें है ही । यह सूर्योदय का समय भी मेरा समय है । इस समय साधक त्रिकाल संध्या की शुरुआत करते हैं गायत्री मन्त्र के साथ । सुबह का समय अपने अंदर प्राण ऊर्जा भर लेने का समय है । दिन भर के कार्यों को उत्साह एवं जोशपूर्वक करने के लिए सुबह में संध्या अवश्य करनी चाहिए । संध्या शब्द से तुम मत चौंकों संध्या का मतलब हुआ दो कालो की संधि का समय । जैसे तीन, चार बजे सुबह में रात्री और दिन के संधि या बीच का समय होता है । उसी तरह शाम में रात्री एवं दिन के संधि या बीच का समय होता है । दोपहर का समय भी संध्याकाळ कहलाता है यह थोड़ा सूक्ष्म है । यह सुबह के समाप्ति एवं शाम के शुरुआत का मध्य काल होता है । यही तीनों काल संध्याकाल कहलाते है । यह संध्याकाल मेरा समय है । इस वक्त मैं जगत के समस्त चेतनाधारियों की बुद्धि को प्रेरणा से भरता हूँ, सद्कार्यों की प्रेरणा से । "

तभी वे तेजी से ऊपर की ओर उठे और करीब हजार फुट की उंचाई पर आकाश में जा कर स्थित हो गये दोनों । गंगा नदी निचे बह रही थी । मनोज ने गौर किया जैसे निचे प्रकाश का जगत हो । वातावरण में सुबह की हल्की ठंढक थी । चारो तरफ गुलाबीपन लिए हुए लाल प्रकाश फैला हुआ था । चंद मिनटों में गुलाबी प्रकाश छंटा । और अब हल्का पीलापन एवं लालीपन लिए हुए चारो तरफ नारंगी प्रकाश किरणें धीरे धीरे फैलने लगी । प्रकाश के अत्यंत मनोहर जगत का दर्शन करा रहे थे सवित्तर देव अपनी कृपा और करूणा से । मनोज को वे प्रकाश की जगत से परिचय करा रहे थे । नारंगी प्रकाश का साम्राज्य समाप्त हुआ और धीरे धीरे चारो तरफ तेज सुनहला प्रकाश फैलने लगा । अब चारो तरफ तीक्ष्ण सुनहला प्रकाश बिखरा हुआ था । आँखों को तृप्त कर देने वाला सुनहला प्रकाश !

तभी सविता देव ने मनोज के आज्ञा चक्र पर स्पर्श किया । स्पर्श करते ही मनोज का सम्पूर्ण शरीर विभिन्न अणुओं अणुओं में विभाजित हो गया । मनोज अपने शरीर को स्पष्ट देख पा रहा था अणु अणु में विखंडित होते हुए । अब मनोज का सूक्ष्म शरीर अलग था और स्थूल शरीर अलग । मनोज अपने सूक्ष्म शरीर से अपने स्थूल शरीर को देख

पा रहा था । मनोज ने देखा उसका स्थूल शरीर एक प्रकाश पुंज मालूम पड़ रहा था । उसके शरीर के प्रत्येक कोशिका कोशिका से अलग अलग रंगों की सूक्ष्म प्रकाश की किरणें निकल रही थी । यह उसके लिए विचित्र दृश्य था ।

"गौर से देखो तुम्हारे शरीर का प्रत्येक कोशिका सिर्फ और सिर्फ एक प्रकाश का कण है और कुछ नहीं । अब अपनी दृष्टि निचे दौडाओ और धरती पर उपस्थित प्रत्येक जड़ तथा चेतन पदार्थों का निरिक्षण करो । " सविता देव ने कहा ।

मनोज ने सविता देव की आज्ञा पाते ही अपनी दृष्टि निचे घुमाई । ऐसा अद्भुत और विचित्र दृश्य उसने इससे पहले अपने जीवन में कभी नहीं देखा था । वह जिधर भी नजर दौडाता प्रत्येक जड़ चेतन पदार्थों का अणु अणु विखंडित दिखाई देते और उनसे प्रकाश की किरणें फूटती नजर आती । पेड़ पौधें, चट्टानें, जल, मनुष्य, पशु, घर सभी से प्रकाश की किरणें फूटती नजर आ रही थी। जैसे प्रत्येक वस्तु प्रकाश से बना हो।

" बाह्य जगत से तो तुम काफी परिचित हो चुके दरअसल असली रहस्य तो अपने ही शरीर के अंदर छिपा हुआ है । किन्तु तुम मानव यह समझ नही पाते और इन्द्रियों के वशीभूत हो सिर्फ और सिर्फ बाह्य जगत में भ्रमण करते रहते हो । आओ तुम्हें तुम्हारे ही अंदर के जगत का सैर करवाता हूँ । " ऐसा कह कर सविता देव ने मनोज का हाथ पकड लिया ।

अब मनोज ने अपने आप को अपने ही शरीर के अंदर सूक्ष्म रूप से मौजूद पाया । उसने देखा सामने कोई हड्डीनुमा सरंचना एक पिलर (स्तम्भ) की तरह खड़ा है । सविता देव अभी भी उसका हाथ पकड़े हुए उसके बगल में खड़े थे । उन्होंने कहा

"यह सामने तुम्हारे ही रीढ़ की हड्डी है "

इतना सुनते ही मनोज का मुंह खुला का खुला रह गया । वह सोचने लगा क्या मैं अपने शरीर में अपने ही रीढ़ की हड्डी के सामने उपस्थित हूँ ।

सविता देव उसकी मन की बात ताड़ गये और बोले ।

"आश्चर्यचकित मत होओ अभी तुम्हें ध्यान की शक्ति का कोई अंदाजा नहीं । इसके द्वारा तुम अपने बाहर कहीं भी अन्तरिक्ष आदि यहाँ तक की दुसरे ग्रहों पर भी स्वछंदता से भ्रमण कर सकते हो । ध्यान अवस्था में तुम अपने सूक्ष्म शरीर का इस्तेमाल करते हो जैसे अभी कर पा रहे हो । और सूक्ष्म शरीर को जीवित रहने के लिए किसी भौतिक पदार्थ की आवश्यकता नहीं जैसे जल, ऑक्सीजन, भोजन आदि । जिस तरह तुम सूक्ष्म शरीर से बाहर के किसी भी दुनिया में भ्रमण कर सकते हो ठीक उसी तरह अपने ही शरीर या किसी अन्य के शरीर में भी प्रवेश कर अंदर के जगत को देख सकते हो । जब चिकत्सा जगत में शल्य क्रिया आदि का आविष्कार नहीं हुआ था तब प्राचीन ऋषि मुनि ध्यान के द्वारा ही अपने या अन्य के शरीर में जा कर शारीरिक संरचना का अध्यन करते थे तथा रोगों का पता लगाते थे । तुम तो पहले भी ऐसे अनुभव कर चुके हो महायोगी अखंडानन्द की कृपा से । चलो अब जिस उदेश्य से मैं तुम्हें यहाँ लाया हूँ उस पर बात करते हैं । "

"जी " मनोज ने कहा ।

सविता देव उसकी तरफ देख कर मुस्कुराए और बोले ।

"अपने रीढ़ के दाहिने और बाएं भाग की तरफ गौर से देखो और बताओ क्या देख पा रहे । "

"जी रीढ़ के दाहिने और बायीं ओर वायु जैसा गुच्छेदार कोई दो प्रमुख प्रवाह दिखाई दे रहा है । हालाकि यहाँ अन्य भी अनगिनत प्रवाह रीढ़ की हड्डी के चारो तरफ चक्कर लगा कर ऊपर की ओर बढ़ रहें हैं ।" मनोज ने कहा ।

"यह दो नाड़ियों के अंदर प्राण का प्रवाह है, जो एक तरफ थोड़ा कम है और दूसरी तरफ थोड़ा ज्यादा । असल में ये दो प्रमुख नाड़ियाँ हैं बायीं तरफ इडा और दायीं तरफ पिंगला । इसे सूर्य तथा चन्द्र नाडी के नाम से भी जाना जाता है । पिंगला नाडी अर्थात सूर्य नाडी एवं इडा नाडी अर्थात चन्द्र नाडी । नाम से ही स्पष्ट है सूर्य यानी उष्ण, उर्जावान , शक्ति प्रदायक प्रेरक । चन्द्र यानी शांत, शीतल, मानसिक शान्ति एवं शीतलता देने वाला । ये नाड़ियाँ अपनी सक्रीय अवस्था में शरीर के अंदर मन पर ऐसे ही गुण उत्पन्न करती हैं । तुम्हारे नाक में दो नासिकायें मौजूद हैं

यह तो तुम्हें पता ही है । दोनों नासिकाओं से हो कर एक समान रूप से वायु का प्रवाह सदैव नहीं होता । एक में कम और दूसरी में थोड़ा ज्यादा वायु प्रवाह बना हुआ होता है । जब दायीं नासिका चलती है तब पिंगला नाडी सक्रीय होती है । तथा जब बायीं नासिका चलती है तब इडा नाडी सक्रीय होती है । और जब दोनों नासिकायें समान रूप से चलती हैं तब सुषुम्ना नाडी सक्रीय होती है । तुम अन्य प्रवाह जो देख रहे हो वे भी छोटी छोटी नाड़ियाँ ही हैं जो इन दोनों से जुडी हुई हैं । शरीर के अंदर अनेकों अनेक नाड़ियाँ हैं जिनसे हो कर प्राण का प्रवाह होता है । असल में नाड़ियाँ हैं ही इसीलिए जिनसे हो कर प्राण प्रवाहित हो सके । पुरे शरीर में नाड़ियों का जाल बिछा हुआ है । शरीर में होने वाले किसी भी उद्दिपन की सूचना इन्ही नाड़ियों के माध्यम से मष्तिष्क तक पहुँचता है । जैसे पैर में अगर चींटी काट ले तो इसकी सूचना इन्ही नाड़ियों से हो कर मष्तिष्क तक पहुँच जाती है । नाड़ियों में विद्युत् का प्रवाह होता है, अगर इन विद्युत् प्रवाहों में कोई बाधा उत्पन्न हो गयी तो रोग उत्पन्न होते हैं । प्राणायाम के द्वारा इन नाड़ियों में सुचारू रूप से प्राण तथा विद्युत् का प्रवाह बनाया जा सकता है। दोनों नाड़ियों इडा तथा पिंगला के प्रवाह को संतुलित कर के मन को भी पूर्णतया अपने नियंत्रण में नियंत्रित किया जा सकता है । मान लो तुम्हारे अंदर कुछ पीड़ादायक विचार उत्पन्न हो रहें हो ठीक उसी वक्त अगर तुम अपने श्वास के प्रवाह को बदल दो तो वे पीड़ादायक विचार फौरन गायब हो जायेंगे । जैसे, दाहिनी नासिका से सांस चल रही हो तब सांस के प्रवाह को बायीं नासिका की तरफ कर दो, मतलब बायीं नासिका से सांस लेने लगो और छोड़ने लगो फिर देखो चमत्कार ! इस प्रकार नाड़ियों को बदल कर मन को नियंत्रित करते थे प्राचीन योगीगण । प्रमुखता इस बात की होनी चाहिए की दोनों नासिकाओं से सामान श्वासों का प्रवाह हो । यानी श्वास का प्रवाह सुषुम्ना में अधिक देर होनी चाहिए यह अध्यात्मिक प्रगति के लिए सहायक होता है । " सवितर देव ने कहा ।

"अच्छा गौर से देखो और बताओ इन नाड़ियों का उद्गम स्थल कहाँ है यानी ये नाड़ियाँ कहाँ से निकलती प्रतीत होती हैं ? " सविता देव ने मनोज से पूछा ।

मनोज ने सविता देव का निर्देश सुना और अपने ही शरीर में नाड़ियों के उद्गम स्थल की तलाश शुरू कर दी । वह चारो तरफ बहुत ही गौर से देख रहा था । फिर सहसा बोल पड़ा ।

" यह तो एक कन्दनुमा पिण्ड से निकलती प्रतीत होती हैं जो की रीढ़ की सबसे अंतिम हड्डी के इर्दगिर्द स्थित है । तथा पास में ही एक ऊर्जा का चक्र जैसा दिखाई दे रहा है । जिससे निकल कर ऊर्जा इन नाडी गुच्छों तक पहुँच रही है । ” मनोज ने बताया ।

" वह जो ऊर्जा चक्र देख रहे हो वह मूलाधार चक्र (*मूलाधार चक्र के विस्तृत वर्णन के लिए देखें मेरी पुस्तक स्वयं का आनंद*) है शक्ति का उद्गम केंद्र । मनुष्य की शक्ति इसी केंद्र में निहित होती है । सभी मनुष्यों में यह केंद्र आंशिक रूप से जागृत होता है । इस केंद्र को यौगिक क्रियाओं, ध्यान आदि के द्वारा और जगा कर मनुष्य और अत्यधिक शक्ति प्राप्त कर सकता है । तथा अध्यात्म के मार्ग पर सुचारू रूप से तेजी से गमन कर सकता है । इसे कुण्डलिनी का जागरण भी कहते हैं । आगे चल कर इन विभिन्न च क्रों का ज्ञान तुम्हें अपने गुरुओं से प्राप्त जाएगा । तुम्हारे ऊपर महायोगी अखंडानन्द की असीम कृपा है । सभी नाड़ियों का उद्गम स्थल यही मूलाधार चक्र ही है । आओ अब सुषुम्ना नाडी की तरफ चलते हैं । ”

सविता देव ने ऐसा बोल कर उसके सिर को स्पर्श किया । अब दोनों एक पाइपनुमा संरचना में मौजूद थे । जहाँ सर्वत्र सुनहला प्रकाश व्याप्त था ।

" यह तुम्हारे ही रीढ़ के ठीक बीचो बीच बारीक केश जैसी या केश से भी बारीक नली है । यह रीढ़ की हड्डी के अंदर बहुत ही बारीक सूक्ष्म उपर की ओर जाती हुई नली है । जिसका अंत आज्ञा चक्र (दोनों भौं के बीच) पर हो जाता है । तीनों नाड़ियाँ वहीं आज्ञा चक्र पर जा कर मिल जाती हैं । इसलिए इस स्थान को संगम स्थान भी कहा जाता है । जहाँ हम मौजूद हैं यह सुषुम्ना नाडी का प्रवाह क्षेत्र है । वैसे तो सूक्ष्म विद्युत् रूप में मैं शरीर के अंदर हर जगह मौजूद रहता हूँ, किन्तु यह सुषुम्ना नाडी यही मेरा प्रमुख स्थान है । जहाँ मैं स्थित हो कर मन के द्वारा कर्मेन्द्रियों तथा ज्ञानेन्द्रियों को सद्कर्म के लिए प्रेरित करता हूँ । जब अन्य दोनों

नाड़ियों में एक साथ प्राण का प्रवाह होने लगता है, तब यह सुषुम्ना नाडी सक्रीय हो जाती है । आम तौर पर यह नाडी सक्रीय नहीं होती । सुषुम्ना में प्राण के प्रवाह को योग में उच्च अवस्था कहा गया है । जब तक प्राण का प्रवाह इडा और पिंगला में संतुलित हो कर एक साथ नहीं होगा तब तक, यहाँ सुषुम्ना में कोई गतिविधि नहीं होगी । यानी संतुलन अत्यंत आवश्यक है । ” ऐसा कह कर सविता देव मुस्कुराए ।

“ देखो अब मैं तुम्हें अत्यंत गोपनीय बात बताता हूँ । शरीर के अंदर दो प्रकार के प्रमुख प्राण का प्रवाह बना हुआ होता है । वे प्रवाह हैं प्राण तथा अपान । जब सांस अंदर जाता है तब प्राण और जब बाहर आता है तब अपान समझो । इन दोनों प्राणों के और भी उप प्राण हैं । आगे जो मैं बताने जा रहा हूँ इसे कभी ध्यान में महशूश करना और इस पर चिन्तन करना । ये प्राण तथा अपान दोनों शरीर के अंदर से बाहर तथा बाहर से भीतर की ओर संतुलित रूप से दबाब बनाये हुए रहते हैं जिससे हमारा शरीर स्थिर रहता है । संतुलन यहाँ भी आवश्यक होता है । प्राण वायु अंदर की तरफ दबाब बनाये हुए रहता है जिससे हृदय का पम्पिंग एवं रक्त का संचालन, भोजन तथा जल का भोजन नलियों से हो कर आँतों की तरफ गमन करना आदि शामिल है । अपान वायु शरीर में बाहर की तरफ दबाब बनाये हुए रखता है जिससे मल, मूत्र, वीर्य आदि का बाहर निकलना सुचारू रूप से होता है । गीता में भगवान कृष्ण ने अर्जुन को समझाते हुए इसी को प्राण में अपान और अपान में प्राण के हवन को यज्ञ कहा है । यानी सांस लेना और छोड़ना, फिर लेना और छोड़ना यह क्रम बना हुआ रहता है जीवित रहने तक । यह मनुष्य का आजीवन चलने वाला प्रमुख यज्ञ है, और इस यज्ञ का फल जीवन है। एक बात सदैव स्मरण रखो जब मैं प्राण शब्द का उच्चारण करता हूँ तब सिर्फ श्वास मत समझना प्राण एक भिन्न चीज है । प्राण वायु में मौजूद होता है साधारण शब्दों में कहूँ तो प्राण वायु की चेतना है । अगर वायु न भी रहे तो भी प्राण मौजूद रहता है । बहुत से योगी कई दिनों तक निर्विकल्प समाधि में रहते हैं । उस समय उनके अंदर श्वास प्रश्वास की क्रिया नहीं होती किन्तु उनमे प्राण मौजूद रहता है । और प्राण में ब्रह्म की चेतना मौजूद रहती है फिर भी प्राण और ब्रह्म भिन्न हैं ।

श्वास यानी वायु भिन्न है प्राण से, प्राण भिन्न है ब्रह्म से, किन्तु ब्रह्म दोनों में मौजूद है । स्मरण रहे मैं बार बार चेतना शब्द का इस्तेमाल कर रहा हूँ । यह चेतना भी एक अलग ही भिन्न तत्व है । ऐसे समझो वायु में प्राण मौजूद है, प्राण में चेतना है और इन दोनों में ब्रह्म की चेतना है । जिस तरह प्राण में चेतना है, उसी तरह शरीर में भी चेतना है । किन्तु मृत्यु के बाद शरीर में वह चेतना नहीं होती और जो चेतना नही होती वह आत्मा की चेतना नहीं होती । अपितु शरीर में आत्मा की चेतना नहीं होती, किन्तु अन्य अन्य रूपों में चेतना मौजूद रहती है । जैसे शरीर को नष्ट करने वाले प्राण में चेतना होती है । वायु तो आंशिक रूप से विज्ञान की पकड में आ गया है किन्तु इसके अंदर का प्राण तत्व अभी विज्ञान की पकड से बाहर है । कभी किसी दिन प्राण तत्व पर भी विज्ञान अपनी पकड बना ले हालाकि यह मुश्किल ही है, किन्तु ब्रह्म पर तो विज्ञान का पकड बनाना असम्भव है, असंभव है । यहीं नेपोलियन बोनापार्ट के शब्दकोश में असम्भव शब्द जबर्दस्ती प्रवेश कर जाता है । (नेपोलियन बोनापार्ट ने कहा था असम्भव शब्द मेरे डिक्शनरी में नहीं) प्राण को इस प्रकार समझो, प्राण का अर्थ हुआ उपस्थिति । किसकी उपस्थिति कैसी उपस्थिति यह नहीं सिर्फ मौजूदगी । वह हर हाल में मौजूद होता है कभी नष्ट नहीं होता । प्राण की उपस्थिति में ही शरीर के सारे कार्यों का निष्पादन होता है । चाहे शरीर के जीवित रखने का कार्य हो या मृत्योपरांत शरीर के विघटन का कार्य हो दोनों अवस्था में प्राण की मौजूदगी रहती है । वगैर प्राण की उपस्थिति के दोनों कार्य नहीं हो सकते । फिर भी प्राण ब्रह्म से भिन्न है । ” सविता देव ने समझाया। फिर सहसा ही वहां शरीर के अंदर भिन्न भिन्न रंगों की प्रकाश किरणें चारो तरफ फ़ैल गयी । इन्द्रधनुष में उपस्थित सातो प्रकार के प्रकाश वहां दिखाई देने लगे । वे प्रकाश किरणें छंटी तो मौजूद रह गया सुनहला प्रकाश ।

“ सारा जगत केवल प्रकाश का ही खेल है । यह जो तुम स्थूल एवं सूक्ष्म जगत देख रहे हो सिर्फ और सिर्फ प्रकाश से ही बना है ।” सविता देव ने कहा ।

मनोज अब फिर से सूर्यदेव के सभा मंडप में था । सवित्तर देव सूर्यदेव के सिंहासन के उपर यथास्थिति मौजूद थे । मनोज के उपर उनकी दृष्टि बनी हुई थी तथा चेहरे पर मंद मंद मुस्कान तैर रहा था ।

एक बार फिर से वेद मन्त्रों की ध्वनी सारे वातावरण में गूँज उठी थी। सविता देव की प्रकट हुई आकृति धीरे धीरे सिमटने लगी । सिमटते सिमटते एक प्रकाश बिंदु मात्र रह गयी और फिर गायब हो गयी ।

वैध धन्वन्तरी पुनः अपने आसन से उठे और मनोज को संबोधित करते हुए बोलने लगे ।

"सामने सूर्यदेव के रथनुमा आसन पर सारथि के स्थान पर जिन्हें आप देख पा रहे हैं ये अरुणदेव हैं । ये सूर्यदेव के सारथि है । इनका मुख सदैव सूर्यदेव की तरफ रहता है फिर भी ये अपनी कुशलता से रथ को आगे बढाते रहते हैं सारथी अरुण की माता विनीता और पिता कश्यप हैं । भगवान विष्णु के वाहन गरुड़ जी इनके लघु भ्राता हैं । रथ में जुते हुए जो घोड़े आप देख रहे हैं ये सात छंद हैं । इनके नाम क्रमशः गायत्री, बृहति, उष्णिक, जगती, त्रिष्टुप, अनुष्टुप और पंक्ति है । ” इतना कह कर वैधराज पुनः अपने स्थान पर विराजमान हो गए ।

मनोज की दृष्टि सूर्यदेव के अश्वों पर थी । उन अश्वों से हल्की हरे रंग की प्रकाश किरणें फूट रही थी ।

तभी सभा में सूर्यदेव की आवाज़ गूंजी । सूर्यदेव ने मनोज को इंगित करते हुए कहा ।

"तुम ध्यान की इस उच्च अवस्था में मेरे और मेरे साम्राज्य के बारे में काफी कुछ जान चुके हो । मैं पृथ्वी और अन्तरिक्ष के कण कण में वास करता हूँ । मैं तुम्हारे अंदर भी हूँ । अगर तुम कोशिश करो तो ध्यान में तुम्हारे शरीर के अंदर मणिपुर चक्र पर तुम्हे मेरे दर्शन होंगे । मैं वहां अपने सौम्य रूप में वास करता हूँ तथा पुरे शरीर में फैला रहता हूँ । इन सारे सारे रहस्यों में से कुछ रहस्य सविता देव तथा पूषण देव की कृपा से तुम्हे समझ में आ ही गए होंगे । शेष भी तुम्हे धीरे धीरे समझ में आने लगेंगे जब तुम्हारी साधना प्रबल होगी । मैं तुम्हारे कल्याण की कामना करता हूँ तथा तुम्हारे साधना में सहायक रहूँगा । ”

मनोज ने सूर्यदेव को अपना सिर नवा कर तथा हाथ जोड़ कर प्रणाम किया । उनके लिए मनोज के हृदय में असीम श्रद्धा उमड़ रही थी । उसकी दृष्टि सूर्यदेव के चेहरे पर थी, सूर्यदेव का चेहरा चमक रहा था । मनोज सूर्यदेव को और सामने से देखना चाहता था । वह धीरे धीरे आगे बढ़ने लगा । वह आगे बढ़ते हुए उस स्वर्ण महल के एक स्तम्भ के पास खड़ा हो गया । उसकी दृष्टि अभी भी सूर्यदेव के अत्यंत आभावान चेहरे पर ही टिकी हुई थी । अचानक से सूर्यदेव का चेहरा अत्यधिक प्रकाशित होने लगा । उनके सम्पूर्ण चेहरे से तेज स्वर्णिम उर्जमयी प्रकाश की किरणें निकलने लगी । मनोज अभी भी उनके चेहरे को देख रहा था । उनके चेहरे से निकलने वाली प्रकाश रश्मियों को मनोज की आँखें सह नही पा रही थी । मनोज के आँखों के सामने अँधेरा छाने लगा । उसके ऊपर हल्की बेहोशी छाने लगी । उसे खड़ा होना मुश्किल लगने लगा । उसने पास के स्वर्ण स्तम्भ को पकड कर खड़ा होना चाहा । अरे ! यह क्या उसके हाथ तो उस स्तम्भ के आर पार हो गए । उसने उस स्वर्ण स्तम्भ को टटोला । ओह ! यह तो बिलकुल भी ठोस नहीं है । वह धीरे धीरे सूर्यदेव के सिंहासन की तरफ बढ़ने लगा । दरअसल अब वह सूर्यदेव के चरण छूना चाह रहा था । वह वहां खड़े घोड़ों से बिलकुल आर पार निकल गया । वे घोड़े भी ठोस नहीं थे ! अब वह सूर्यदेव के सिंहासन के बिलकुल निकट था । उसने निचे से ही उचक कर सूर्यदेव के चरण छूने चाहे । सूर्यदेव समेत सारा सभामंडप गायब हो गयाए और एक आवाज गूंजी ।

“ यह सब प्रकाश का ही खेल था । यहाँ दृश्यमान प्रत्येक दृश्य और पात्र सब प्रकाश से ही बने हुए थे । ध्यानावस्था में सूर्य के साम्राज्य का तुम्हें ज्ञान कराने हेतु यह सृष्टि प्रकाश से सृजित की गयी थी । ”

गुफा के अंदर ध्यान में बैठे हुए जब मनोज की आँखें खुली तो योगिराज अखंडानन्द के बोले गए उपरोक्त वाक्य उसके कानो में गूंजी।

सामने उसके साथ आए हुए संत विराज रहे थे । जिनके ध्यानस्थ होने के बाद उसने अपने आप को भी ध्यानस्थ होने से नहीं रोक पाया था । वे उसे देख कर मुस्कुरा रहे थे । योगिराज अखंडानन्द गुफा के अंदर वाले कक्ष से आ कर आगन्तुक संत के साथ बैठे हुए थे । महायोगी

अखंडानन्द की दृष्टि मनोज के ऊपर थी । उनके चेहरे पर भी सौम्य मुस्कान बिखरी हुई थी । महायोगी ने मनोज को इंगित करते हुए कहा ।

" तुम्हारे सामने जो संत हैं इनका नाम स्वामी सूर्यानंद भारती है । आप सूर्य के उपासक हैं । आप एक उच्च कोटि के साधक हैं । सूर्य से सम्बंधित अनेको गुप्त साधनाओं के आप जानकार हैं । " इस प्रकार उन्होंने आगन्तुक संत का परिचय दिया । फिर उन्होंने मनोज से कहा ।

" तुमने अभी जो ध्यानावस्था में सूर्यलोक का भ्रमण किया है, वह इन्ही की कृपा से संभव हो सका है । ये तुम्हारे भविष्य को देख पा रहें हैं । तुम्हारे अंदर एक उच्च कोटि का साधक विराजमान है । इसलिए स्वामी सूर्यानंद भारती ने यह ध्यान अनुभूति तुम्हे कराई है । अच्छा चलो रात्री में हवन के लिए भी हमे तैयारी करनी है । तुम सन्यासी सदानंद के पास चले जाओ, और उन्हें साथ ले लेना और उनके साथ कुछ लकडियाँ इकठ्ठा कर लेते आओ हवन के लिए ।" महायोगी ने निर्देश देते हुए कहा।

5
स्व का प्रकाशित लोक

रात्री के दस ग्यारह बज रहे होंगे । गुफा के बाहरी कक्ष में सिर्फ एक दीपक हवनकुंड के बगल में जल रहा था । हवनकुंड के अंदर अग्नि प्रज्वलित थी । हवनकुंड के एक तरफ महायोगी अखंडानन्द पूर्व की

ओर मुख किये हुए एक ऊँचे आसन पर बैठे हुए थे । उनके निकट में ही एक पात्र था जो घृत (घी) से भरा हुआ था । महायोगी अखंडानन्द के हाथ में चन्दन काष्ठ की एक कलछी थी । जिससे वे घृत पात्र से घृत ले कर हवनकुंड में मंत्रोच्चारण के साथ अंत में स्वाहा ध्वनी करते हुए डाल रहे थे । हवनकुंड के एक तरफ स्वामी अखंडानन्द से दायीं तरफ स्वामी सूर्यानंद भारती भी एक ऊँचे आसन पर बैठे हुए थे । उनके बगल में भी एक पात्र मौजूद था, जिसमे सुगन्धित जड़ी बूटियों का मिश्रण हवन सामग्री के रूप में रखा हुआ था । स्वामी सूर्यानंद भारती भी पात्र से हवन सामग्री अपनी तीन उँगलियों (मध्यमा, अनामिका, और अंगुष्ठ) से ले कर महायोगी के मंत्रोचारण के बाद, मन्त्र बोलते हुए हवनकुंड में डाल रहे थे । महायोगी के ठीक सामने हवनकुंड के दूसरी तरफ, मनोज तथा सन्यासी सदानंद भूमि पर आसन बिछा कर बैठे हुए थे । उनके भी बगल में पात्र रखे हुए थे, जिनमे भरपूर हवन सामग्री मौजूद थी । महायोगी के मंत्रोचारण तथा कुण्ड में घृत डालने के बाद, मनोज तथा सन्यासी सदानंद भी हवन सामग्री अपनी तीन उँगलियों की मदद से ले कर मंत्रोचारण के बाद स्वाहा ध्वनी के साथ हवनकुंड में डाल रहे थे । महायोगी तथा उन तीनों के द्वारा उच्चारित मंत्रोचारण पूरी गुफा में गूँज रही थी । प्रत्येक मंत्रोचारण के साथ आहुति के बाद हवनकुंड में अग्नि की लपटें तेज हो जाती । सारे वातावरण में सुगंध व्याप्त हो गया था ।

सुबह के तीन बज रहे थे । हवन का कार्यक्रम अपने अंतिम पड़ाव पर था । हवनकुंड में आहुति अर्पित करने का कार्यक्रम भी सम्पन्न हो चुका था । अब मात्र हवन की पूर्णाहुति बाकी थी । तभी महायोगी के संग स्वामी सूर्यानंद भारती करीब दस पन्द्रह मिनट के लिए पूर्णतया गहन ध्यान में चले गये । स्वामी सूर्यानंद भारती के गहन ध्यान से निकलने के दस मिनट बाद, महायोगी अखंडानन्द अपने आसन से उठे और मनोज के निकट चले गये । उनके हाथ में अग्नि देव से प्राप्त मनोज के द्वारा लाया गया यंत्र मौजूद था । उन्होंने उस यंत्र को मनोज के नाभि से स्पर्श करा दिया । यंत्र के नाभि से स्पर्श करते ही मनोज का शरीर बुरी तरह कांपने लगा । लगभग दो मिनट तक मनोज का शरीर कांपता रहा फिर स्थिर हो गया । वह गहन ध्यान में चला गया ।

"तुम इस वक्त अपने ही शरीर के नाभि प्रदेश में मौजूद हो । "

महायोगी की वाणी मनोज के कानों में गूंजी । उसने अपने आप को अपने ही शरीर के एक दिव्य लोक में पाया । उसने मह्शूश किया जैसे वह मणियों के किसी शहर में मौजूद है । चारो तरफ चमकीले मणि टिमटिमा रहे थे । उन मणियों से अलग अलग रंगों के प्रकाश निकल रहे थे । वह बिलकुल मुग्ध था यह देख कर ।

"यह भी माया ही है माया में मत खोओ । अपने इर्दगिर्द बारीकी से निरिक्षण करो । बताओ तुम क्या देख पा रहे हो ?" महायोगी ने प्रश्न किया ।

मनोज ने अपने चारो तरफ दृष्टि घुमाई । वह बारीकी से इस लोक का निरिक्षण कर रहा था । सहसा ही वह बोल पड़ा ।

"अदभुत ! अदभुत प्रभु ! अदभुत ! मुझे कुछ नीले रंग के चमकीले देवनागरी लिपि वर्णमाला के अक्षर दिखाई दे रहे हैं प्रभु । ये अत्यंत चमकीले हैं " मनोज ने कहा ।

"बहुत ही ध्यान से देखने की कोशिश करो उन अक्षरों के अलावा और क्या क्या दिखाई देता है । तथा उन अक्षरों को गौर से देखो और पहचानने की कोशिश करो वे अक्षर कौन कौन से हैं ? " महायोगी का त्वरित निर्देश मिला ।

मनोज ने और ध्यान लगा कर देखने की कोशिश की और सहसा ही बोल पडा ।

"हे प्रभु मैं देख पा रहा हूँ दस कमल दल (*Lotus Petal*) जो मेघ के सामान भूरे रंग के हैं । और कभी कभी इन कमल दलों का रंग बदल कर कुछ समय के लिए पीला भी हो जाता है । इन कमल दलों पर ही नीले रंग के अक्षर खुदे हुए से दिखाई दे रहे हैं । ये अक्षर अत्यंत चमकीले हैं प्रभु । " मनोज ने कहा ।

"तुम अपने ही अंदर अपने मन के दस स्तरों को देख रहे हो । ये दस कमल दल तुम्हारी मन की वृतियां हैं । इसमें जो तुम पहला कमल दल देख रहे हो यह तुम्हारा अध्यात्मिक अज्ञान है । दूसरा कमल दल तुम्हारी ही कामना है तुम्हारी प्यासहै । तुम्हारे अंदर जो इष्र्या का भाव है वही तीसरा कमल दल के रूप में सामने प्रकट है । चौथा कमल दल किसी

भी तरह के विश्वाशघात जो तुम्हे मिला है या, जो तुमने किया है, यह वही तुम्हे दिख रहा है । पांचवा कमल दल तुम्हारे अंदर का शर्म या लज्जा है । छठा तुम्हारे अंदर का डर है, सातवाँ घृणा का भाव तथा आठवें में तुम्हारे अंदर का भ्रम दिख रहा है । नौवां मूर्खता तथा दसवां तुम्हारे दुःख को बता रहा है । तुम्हारे अंदर ये वृतियां मौजूद हैं । इसलिए कमल दलों का रंग मेघ के सामान देख पा रहे हो अन्यथा यह चमकीला पीला दिखाई देता । जैसा की कभी कभी तुम देख पा रहे हो । मणिपुर के जागृति के बाद ये मन की वृतियां जो अभी देख रहे हो यह ठीक इसके विपरीत हो जाती हैं । यानी अध्यात्मिक अज्ञान से ज्ञान । कामना की वृति तृप्ति का रूप ले लेगी । इष्र्या प्रेम बन जाएगा । विश्वाशघात सबके ऊपर विश्वाश करने के रूप में बदल जाएगा । घृणा भी प्रेम में बदल जाएगा । शर्म या लज्जा तुम्हारे आत्मविश्वाश तुम्हारे उन्मुक्तता के रूप में सामने आ जाएगा । हलाकि एक हद तक शर्म लज्जा अनिवार्य भी है । उसी तरह डर भी पूर्णतया बदल कर बल और आत्मविश्वाश, पुरुषार्थ, पूर्ण जाग्रत प्रज्ञा में बदल जाएगा । भ्रम की समाप्ति के बाद सत्य दर्शन होने लगेंगे । मूर्खता ज्ञान में तथा दुःख आनन्द में परिवर्तित हो जाएगा । परिवर्तन के बाद दसों कमल दल चमकीले पीले दिखाई देने लगते हैं । अच्छा ध्यान से देख कर बताओ उन दलों पर कौन कौन से अक्षर अंकित दिखाई दे रहे हैं ? " मनीषी ने पूछा ।

"जहाँ तक मैं देख पा रहा हूँ और इनकी ध्वनी भी सुन पा रहा हूँ । ये देवनागरी लिपि वर्णमाला के क्रमशः डं, ढं, णं तं, थं, दं, ध, नं, पं, फं, अक्षर हैं । ये अत्यंत चमकीले हैं और इनका रंग नीला है । " मनोज ने कहा ।

"ये तुम्हारे नाभि के इर्दगिर्द प्राण और अपान वायु के घर्षण से उत्पन्न ध्वनियाँ हैं । जो तुम्हें दिखाई भी दे रही हैं । इनके स्पष्ट दिखने और सुनने का अर्थ हुआ । वहां फैली नाड़ियों में प्राण शक्ति कुपित नहीं है । अगर यह स्पष्ट सुनाई न दें तो उस क्षेत्र का प्राण वायु कुपित है, ऐसा समझना चाहिए । अच्छा और ध्यान लगाओ और देखो तुम्हे और क्या क्या दिखाई देता है ? " योगिराज ने कहा ।

मनोज ने योगिराज का निर्देश पाते ही और एकाग्रता से देखने की कोशिश जारी रखी । अचानक वह बिलकुल चहक कर बोल पडा ।

"ओह ! हे मेरे प्रभु ! अदभुत ! अदभुत ! यहाँ तो सुबह उदयमान सूर्य के समान लाल वर्ण का एक उलटा त्रिकोण दिखाई दे रहा है । जिसके अंदर कभी कभी एक देव की झलक मिल रही है । इस त्रिकोण के तीनों कोनों पर अंग्रेजी के T अक्षर जैसी आकृति दिखाई दे रही है । "

"यह उलटा लाल रंग का त्रिकोण शरीर के अंदर स्थित अग्नि देव का निवास स्थान है । तथा जिसे तुम T अक्षर समझ रहे हो वह एक प्रकार का स्वस्तिक चिन्ह है । जरा गौर से देखो जिस देव की झलक तुम्हे मिल रही है वे कौन हैं । उन्हें पहचानने की कोशिश करो ।"योगिराज अखंडानन्द ने पुनः निर्देश दिया ।

मनोज ने निर्देश पाते ही उस उलटे लाल त्रिकोण के अंदर अपनी दृष्टि सूक्ष्मता से जमाई । उस त्रिकोण के अंदर एकदम से एक आकृति प्रकट हो गयी । उस आकृति को देखते ही मनोज बोल पड़ा ।

"अरे यह तो साक्षात् अग्नि देव हैं । इनका दर्शन तो मैं पहले भी कर चुका हूँ । " कह कर उसने अग्निदेव के सामने सिर नवाया और दोनों हाथ जोड़ कर प्रणाम किया । अग्नि देव भी उसे देख कर मुस्कुराए और अभय मुद्रा में हाथ उठा कर उसे आशीर्वाद दिया । कुछ ही क्षणों में अग्निदेव कीआकृति गायब हो गयी । अग्नि देव के लुप्त होते ही मनोज एकदम से बोल पड़ा ।

"हे ! मेरे प्रभु मुझे इस उलटे लाल त्रिकोण के अंदर अभी अभी कुछ क्षणों के लिए अग्निदेव ने दर्शन दिए । और उनकी आकृति गायब होते ही मुझे इस उलटे लाल त्रिकोण के अंदर रह रह कर प्रकट एवं गायब होती हुई एक भेंड की धुंधली आकृति दिखाई दे रही है । उस रह रह कर प्रकट एवं गायब होती हुई भेंड की आकृति के ठीक ऊपर एकदम स्पष्ट देवनागरी लिपि वर्णमाला का गहरे लाल रंग में खुदा हुआ बड़ा सा ' रं 'अक्षर दिखाई देना शुरू हो गया है । यह रं ' अक्षर उलटे त्रिकोण के ठीक बीच में है यह मैं देख पा रहा हूँ ।"थोड़ी देर बाद फिर उसने बोला " अरे यह क्या ! अब भेंड की आकृति दिखाई देनी बंद हो गयी । अब मैं गहरे चमकीले लाल रंग का रं अक्षर और स्पष्ट तौर पर देख पा रहा हूँ जो की

उलटे त्रिकोण के ठीक मध्य में है । ”

“तुम अभी जहाँ सूक्ष्म रूप से अवस्थित हो यह मणिपुर चक्र है । जो की अग्नि देव का निवास स्थान है तो उनके दर्शन तो तुम्हें वहां होने ही थे । और भेंड की आकृति जो तुम देख पा रहे हो वह अग्निदेव के वाहन हैं । तथा मणिपुर चक्र के अंदर प्राण के गति को प्रदर्शित कर रहें हैं । यानी मणिपुर चक्र में प्राण की गति भेंड की गति के जैसी होती है । कई अन्य चक्रों पर भी इसी तरह के पशुओं के दर्शन होते हैं । जो की प्रकट हो कर या दर्शन दे कर यह बताते हैं की उस चक्र के अंदर वायु या प्राण की गति प्रवाह मेरी गति के सामान है । इसे तुम और ठीक से समझो और वहां महशूश करो । तुम्हें वहां भेंड की आकृति दिखाई दी । अब तुम वहां महशूश करोगे तो प्राण या वायु का प्रवाह भेंड की गति के समान ऊपर की ओर है । जैसे कुछ साधकों को ठीक मणिपुर के निचे स्वाधिष्ठान चक्र पर मकर या मगरमच्छ की आकृति दिखाई देती है । इसका मतलब हुआ स्वाधिष्ठान पर वायु के प्रवाह की गति मगरमच्छ के गति के सामान मंद है अलसाया हुआ सा । अब ऊपर से आने वाली प्राण वायु पर अपना ध्यान केन्द्रित करो । ” महायोगी ने उसे समझाया ।

मनोज ने इतना सुनते ही अब प्राण के प्रवाह पर ध्यान देने लगा । कुछ देर बाद व्यग्रता से वह बोल पडा ।

“हे ! प्रभु मैंने गौर किया और मैंने देखा ऊपर से आने वाली प्राण वायु ठीक यहीं से ऊपर की ओर लौट जाती है । तथा शरीर के अंदर से दबाब बनाने वाली वायु यहीं से निचे की ओर लौट जाती है । ”

“ बिलकुल सही ऊपर से आने वाली प्राण वायु तथा शरीर के अंदर से दबाब बनाने वाली अपान वायु इन दोनों का मिलन केंद्र यही मणिपुर चक्र है । और तुम जो रं अक्षर देख रहे हो यह अग्नि बीज मणिपुर चक्र का बीज मन्त्र है । अब उस गहरे लाल रंग के रं बीज के उपर बिंदु को ध्यान से देखो और बताओ तुम्हे उस बिंदु में क्या दिखाई देता है । ” मनीषी ने कहा ।

मनोज अब ध्यान से र अक्षर के ऊपर अंकित बिंदु को देखने लगा । कुछ देर देखने के बाद वह बोल पड़ा । मुझे वहां कोई देवता की आकृति दिखाई दे रही है । ”

" अपने ध्यान को और एकाग्रचित करो और पुरे प्रयास से देखने की कोशिश करो । " महायोगी ने पुनः मनोज को निर्देश दिए ।

मनोज अब और बारीकी से उस बिंदु का निरिक्षण करने लगा । अब उसे वह देव स्पष्ट दिखाई देने लगे, वह बोला ।

" हाँ अब मैं स्पष्ट देख पा रहा हूँ । अब मुझे उस बिंदु के अंदर सिन्दूरी वर्ण के देव का दर्शन हो रहा है । ऐसा प्रतीत होता है जैसे उन्होंने साधुओं की तरह बदन पर भभूति (राख) लपेट रखा है । जिसके कारण उनका रंग थोडा सफ़ेद दिखाई दे रहा है । तथा उनके ललाट पर शिव की तरह एक तीसरा नेत्र भी है । हे प्रभु ! उनके हाथ अभय मुद्रा में उठे हुए हैं । ऐसा प्रतीत हो रहा है जैसे वे मुझे आशीर्वाद दे रहे हैं । "

" वे रूद्र ही हैं उन्हें प्रणाम करो । वे मणिपुर चक्र के अधिष्ठात्री देव हैं, मणिपुर चक्र के अंदर उनका स्थान है । उस रक्त वर्ण रं बीज के लाल बिंदु में और गौर से देखो अभी और रहस्य खुलेंगे । " मनीषी ने उसे समझाया ।

मनीषी का निर्देश पाते ही उसने रूद्र देव को सिर नवा कर तथा दोनों हाथ जोड़ कर पूर्ण भाव से प्रणाम किया । और अपनी दृष्टि उस रं बीज के लाल रंग वाले बिंदु पर और एकाग्र कर दी । थोड़े देर के प्रयास के बाद उसे फिर किसी की झलक मिली और वह बोल पडा ।

" हे महाप्रभु अब मैं उन रुद्रदेव के ठीक बायीं तरफ एक देवी को देख पा रहा हूँ । देवी का रंग सांवला है और इन्होने पीले रंग के वस्त्र धारण कर रखे हैं । इन्होने अनेको अनेक सोने के गहने भी धारण कर रखे हैं । तथा इनके चार हाथ हैं । इनके चेहरे से तथा सम्पूर्ण शरीर से हल्का चमकीला श्वेत प्रकाश निकल रहा है । इनके चेहरे पर प्रसन्नता भरी मुस्कान है । ये अत्यंत प्रसन्न मालूम होती हैं । माता अपनी एक हाथ अभय मुद्रा में उठा कर आशीर्वाद दे रहीं हैं । इन्हें देख कर मेरे हृदय में अत्यंत आनन्द की अनुभूति हो रही है । " मनोज ने अपने भाव प्रदर्शित किये ।

" तुम जिन्हें देख पा रहे हो वे लाकिनी देवी हैं । ये मणिपुर चक्र की अधिष्ठात्री देवी हैं । इनके प्रसन्न होने का मतलब है, अब तुम्हारे लिए अध्यात्मिक सफलता तुमसे कुछ ही कदम की दूरी पर है । इस मणिपुर क्षेत्र का और बारीकी से निरिक्षण करो और बताओ तुम क्या देख पा रहे

हो । " मनीषी ने कहा ।

मनोज बहुत ही बारीकी से मणिपुर चक्र के क्षेत्र का निरिक्षण करने में लीन हो गया । उसे अब और कुछ विशेष दिखाई नहीं दे रहा था । तभी वह एकदम से चैंक कर बोल पड़ा ।

" प्रभु मैं यहाँ देख पा रहा हूँ ऊपर से बूँद बूँद कर कोई चीज टपक रही है और निचे आ कर विलीन हो जा रही है । "

" वह ऊपर से आने वाली बूँद अमृत की बूँद है । और यह तुम्हारे ही आज्ञा चक्र (दोनों भौं के बीच में) के थोडा ऊपर स्थित चन्द्रमा से टपक रही है । यह कहाँ जा कर विलीन हो जा रही है इस पर तुम अपना ध्यान केन्द्रित करो । " मनीषी ने अपने निर्देश दिए ।

मनोज ने पूर्ण एकाग्रता पूर्वक अपना निरिक्षण जारी रखा । उसने अपने ध्यान को और एकाग्र किया । और बोल पड़ा ।

आश्चर्य ! आश्चर्य ! प्रभु यह अमृत की बूँद तो किसी देव के मुख में सीधे टपक रही है । "

" कौन से देव हैं वे क्या इन्हें तुमने पहले देखा है ?" मनीषी पूछ पड़े ।

मनोज उस देव को पहचानने की कोशिश करने लगा । फिर थोड़ी देर बाद चहक कर बोल पड़ा ।

" अरे ! ये तो अपने सूर्यदेव हैं । भला इन्हें पहचानने में मैंने कैसे देर कर दी । ये अपने सूर्यदेव ही हैं जिनके मुख में अमृत की बूँदें टपक कर गिर रहीं हैं । "

" तुमने बिलकुल सही पहचाना वे सूर्यदेव ही हैं जो तुम्हारे अंदर के अमृत का पान कर रहें हैं और वे रूद्र देव के सहायक देव हैं । रुद्रदेव ने ही उन्हें इसकी इजाजत दे रखी है । कुण्डलिनी के पूर्ण जागरण के बाद मनुष्य इन अमृत बूंदों का स्वयं उपभोग करने लगता है और देवत्व तथा अमरता की ओर बढ़ने लगता है । पूर्ण जागरण का मतलब सहस्त्रार का खुल जाना या कुण्डलिनी का सहस्त्रार में प्रवेश कर जाने से है । अन्यथा साधारण अवस्था में तो इसका पान सूर्यदेव ही करते हैं । और मनुष्य का शरीर रुग्ण और क्षीण होने लगता है और अंततः नष्ट हो जाता है । यही रहस्य है ! " महायोगी ने उसे समझाया ।

मनोज ने बहुत ही भाव से सूर्यदेव को सिर नवा कर तथा हाथ जोड़ कर सूर्यदेव को प्रणाम किया । सूर्यदेव भी उसकी तरफ देख कर मुस्कुराए और अभय मुद्रा में हाथ उठा कर उसे आशीर्वाद दिया ।

मनोज अब ध्यान से बहर आ चुका था । हवनकुंड में अग्नि अभी भी प्रज्वलित थी । सामने महायोगी अखंडानन्द अभी भी पूर्णतया प्रसन्न मुद्रा में विराज रहे थे । स्वामी सूर्यानंद भारती भी यथावत अपने आसन पर विराजित थे । मनोज के बगल में सन्यासी सदानंद पूर्ववत विराज रहे थे ।

मनोज अपने अंदर एक अदभुत आनन्द एवं खुमारी का अनुभव कर रहा था । उसके चेहरे पर एक प्रकार की संतुष्टि का भाव था । उसकी आँखों में महायोगी तथा स्वामी सूर्यानंद भारती के प्रति कृतज्ञता के भाव थे । उसकी आँखें नम थी । जो घटित हुआ था उस पर उसे विश्वाश नहीं हो पा रहा था । उसने मनीषी से प्रश्न किया ।

"क्या मैं अपने ही अंदर स्थित किसी कुण्डलिनी चक्र का अवलोकन कर रहा था ।"

महायोगी ने मनोज को अग्निदेव के द्वारा दिया हुआ यंत्र दिखाया और पूछा ।

"इस अग्निदेव के द्वारा दिए यंत्र को ध्यान से देखो और बताओ इस यंत्र के बारे में तुन्हारी क्या राय है । "

मनोज उस यंत्र को गौर से देखते ही चौंक गया और तत्क्षण ही बोल पड़ा ।

"इस यंत्र पर उकेरी हुई आकृतियों के ही सजीव रूप का तो दर्शन मैं कर रहा था थोड़ी देर पहले उस अदभुत मणिपुर के लोक में । "

"हाँ यह यंत्र प्रसाद स्वरुप तुम्हें अग्निदेव ने दिया था ताकि तुम्हें मणिपुर के दर्शन एवं ज्ञान हो सके । क्योंकि जैसा की तुम्हें अब ज्ञात है की मणिपुर अग्निदेव का निवास स्थान है । अग्निदेव की कृपा एवं इस यंत्र के प्रसाद स्वरूप ही तुम अपने ही शरीर में अवस्थित मणिपुर चक्र का ध्यानावस्था में वहां सूक्ष्म रूप से मौजूद हो कर सम्पूर्ण दर्शन कर रहे थे । मनुष्य का पहला चक्र मूलाधार है । जहाँ कुण्डलिनी शक्ति अपने मूल रूप में अक्रिय रहती है । हालाकि यह पूर्ण रूप से अक्रिय नहीं

रहती बहुत ही आंशिक रूप से जाग्रत रहती है । इसी आंशिक जागरण के कारण काम, क्रोध, लोभ, मोह, मद आदि गुण मनुष्य में बना रहता है । जीवन जीने के लिए ये गुण भी मनुष्य के अंदर होने अनिवार्य हैं किन्तु इनमे से किसी भी गुण की अधिकता नाश का कारण बन जाती है । जब मूलाधार की यह आंशिक जागृति यौगिक अभ्यासों, ध्यानादि के कारण पूर्ण जागृति बनती है तब कुण्डलिनी अपने स्व स्थान स्वाधिष्ठान पर आ जाती है । मूलाधार कुण्डलिनी का स्व स्थान नहीं है बल्कि स्व स्थान है स्वाधिष्ठान । इसलिए इसका नाम स्वाधिष्ठान है यानी अपना स्व का स्थान । और इसके बाद कुण्डलिनी अपने पूर्ण स्वः लोक मणिपुर में आ कर क्रियाशील हो जाती है । पूर्ण स्वः लोक से तात्पर्य यह है की कुण्डलिनी अगर मूलाधार से स्वाधिष्ठान में आ कर स्थित हो जाए तो भी इसके पुनः मूलाधार में चले जाने की संभावना बनी रहती है । किन्तु कुण्डलिनी एक बार मणिपुर में आ गयी तो फिर निचे जाने की संभावना नहीं रहती । यानी कुण्डलिनी का पूर्ण स्वः लोक मणिपुर ही हुआ । पूर्ण स्वः लोक में कुण्डलिनी पूर्ण स्वतंत्र होती है और साधक को आलौकिक अपूर्व अध्यात्मिक एवं अतीन्द्रिय अनुभूति कराती है । क्योंकि कुण्डलिनी अब स्व के विस्तार में आ जाती है और और उपर उठने को व्यग्र होती है । खैर ! यह सब तुम्हें धीरे धीरे अपनी साधना बढाने पर स्वयं पता चलने लगेगा । ” महायोगी ने मनोज को धैर्यपूर्वक समझाया ।

सुबह के चार बज रहे थे । हवनकुंड में अग्नि अपने पूर्ण जाग्रत रूप में यथावत ज्वाल्यमान थी । आहुति अर्पित करने का कार्य पहले ही पूरा हो चुका था । अब मनीषी हवन के पूर्णाहुति के लिए तैयार थे । उन्होंने मनोज को निर्देश देते हुए कहा ।

“ अंदर के कक्ष में एक लाल वस्त्र में नारियल लपेटा हुआ रखा है जाओ उसे ले आओ । ”

मनीषी का आदेश पाते ही मनोज अपने स्व स्थान से उठा और गुफा के भीतरी कक्ष से लाल वस्त्र में लपेटा हुआ नारियल ला कर मनीषी को दे दिया । महायोगी ने उस नारियल पर थोड़ी हवन सामग्री, एक पान पत्ता, थोड़े से अक्षत और थोडा सा गुड और एक सुपारी रखा । और सबसे ऊपर

अग्निदेव के द्वारा दिया हुआ यंत्र भी उस नारियल पर रख दिया । अब मनोज के हाथ में उसे देते हुए बोले ।

" जब मैं मंत्रोचारण के बाद स्वाहा कहूंगा तब इस नारियल को तुम यज्ञकुंड में डाल देना । इस पूर्णाहुति का संकल्प तुम्हारे लिए ही किया गया था । "

महायोगी के हाथ से मनोज ने नारियल अपने हाथ में लिया और जैसा महायोगी ने निर्देशित किया था वैसा ही उसने किया । यज्ञ की पूर्णाहुति समाप्त हुई ।

" यह सुबह की ब्रह्मबेला है इस वक्त सोना वर्जित होता है । सदानंद के साथ बाहर जा कर अपने नित्यकर्म से निवृत हो लो । और बाहर थोडा भ्रमण कर आओ । " महायोगी ने मनोज को इंगित करते हुए कहा ।

मनोज सन्यासी सदानंद के साथ गुफा कक्ष से बाहर आ गया । और वह अपने नित्यकर्म से निवृत होने के बाद सन्यासी सदानंद के साथ हिमालय के मनमोहक खुशनुमा और ताजगी भरे सुबह का तल्लीनता के साथ आनन्द ले रहा था । वातावरण में सुगंध भरा हुआ था । यह प्रमुखतः हिमालय में पाये जाने वाले ब्रह्मकमल का सुगंध था । अदभुत, आलौकिक और दिव्य सुगंध व्याप्त था चारो ओर । तभी उसकी दृष्टि तारों भरी आकाश में गयी । आसमान में थोड़ी ही ऊंचाई पर उसे सात, आठ प्रकाश ज्योति जाती हुई दिखी । उसके मन में आश्चर्य एवं जिज्ञासा के भाव जागृत हो आए । वह अपने साथ भ्रमण कर रहे सन्यासी सदानंद से इस सम्बन्ध में कुछ पूछना ही चाह रहा था की सन्यासी सदानंद बोल पड़े ।

" यह हिमालय का दिव्य क्षेत्र है । यहाँ दृश्य और अदृश्य रूप में, सूक्ष्म तथा स्थूल रूप में अनेको अनेक साधक साधनारत हैं । इन साधना रत साधकों के उचित मार्गदर्शन तथा सहायता हेतु अनेको सिद्ध संतों की दृष्टि इस क्षेत्र पर बनी रहती है । उचित समय पर ये सिद्ध तपस्वी संत इन साधकों के मद्दद हेतु हमेशा तत्पर रहते हैं । तुमने अभी जिन प्रकाश ज्योतियों के दर्शन किये वे और कुछ नहीं ऐसे ही कुछ सिद्ध संत थे । जो अपने साधक शिष्यों पर दृष्टि रखे हुए थे, और उनकी मदद के लिए जा रहे थे । वैसे तो ये किसी भी समय अपने साधक शिष्यों की

मदद के लिए आ सकते हैं । किन्तु सुबह के इस दिव्य बेला में वे विशेष निगरानी रखते हैं और जहाँ भी जरूरत होती है सूक्ष्म या स्थूल रूप में तुरंत प्रकट हो कर मदद करते हैं । ऐसी हीं दिव्य ज्योतियाँ कैलाश पर्वत, मानसरोवर आदि क्षेत्रों में भी दिखाई देती हैं । उनमे तो कई ज्योतियाँ देवताओं के भी होती हैं । बहुत ही पुण्यात्मा, साधक और सौभग्यशाली लोगों को ये दर्शन होते हैं । ”

एक दो घंटे टहलने के बाद सुबह की लालिमा पूर्व दिशा की ओर दिखाई देने लगी । सन्यासी सदानंद अपनी गुफा में चले गये । मनोज वापस गुफा में लौट आया था । महायोगी अखंडानन्द तथा स्वामी सूर्यानंद भारती गुफा के भीतरी कक्ष में ध्यानमग्न थे । मनोज गुफा के बाहरी कक्ष वाले चबूतरे पर बैठा हुआ था । उसे अपने घर परिवार की याद आ रही थी । अपने घर परिवार के इन्ही विचारों में वह घंटों खोया रहा । आज इन विचारों का संक्रमण कुछ ज्यादा ही तेज था । उन विचारों में खोए खोए न जाने कब उसकी आँख लग गयी । वह वहीं उस चबूतरे पर लेट गया और निंद्रा माता की आगोश में चला गया ।

अचानक मनोज की नींद टूट गयी । उसके कानों में फुस्स्स्स .... फुस्स्स्स .... की आवाज़ सुनाई दी । उसने गौर किया तो पाया यह आवाज गुफा के भीतरी कक्ष से आ रही थी । उसके मन में इस आवाज के प्रति जिज्ञासा हुई । वह गुफा के भीतरी कक्ष में झाँक कर देखना और जानना चाहता था की आखिर वह आवाज कैसी है । तभी उसके कानों में महायोगी अखंडानन्द की आवाज सुनाई गूंजी ।

“ अंदर चले आओ । ” गुफा के भीतरी कक्ष से महायोगी ने मनोज को पुकारा ।

महायोगी का आदेश पाते ही वह गुफा के भीतरी कक्ष में दाखिल हुआ । उसने देखा गुफा के भीतरी कक्ष में महायोगी अखंडानन्द, स्वामी सूर्यानंद भारती तथा सन्यासी सदानंद के अलावा, एक चैथा नौजवान व्यक्ति भी मौजूद था । उस नौजवान का उम्र लगभग बीस इक्कीस वर्ष प्रतीत हो रहा था । उस नवयुवक का रंग हल्का सांवला तथा आँखें नीली थी । उस नौजवान युवक की वेशभूषा किसी देवता के सामान लग रहा था । उस नवयुवक ने निचे नीली धोती धारण कर रखी थी । तथा ऊपर

सुनहले रंग का अंग वस्त्र धारण कर रखा था । उस उपरी अंग वस्त्र पर अनेकों चमकीले रंग विरंगे रत्न जड़े हुए थे, जिनसे हल्का प्रकाश फूट रहा था । उसने एक शंक्वाकार (Conical) सोने का मुकुट भी धारण कर रखा था । मुकुट पर भी नाना प्रकार के चमकीले कीमती पत्थर, रंगीन रत्न आदि जड़े हुए थे । तथा उस मुकुट पर कुंडली मारे तथा फन फैलाए एक नाग की आकृति भी खुदी हुई थी ।

मनोज के भीतरी कक्ष में प्रवेश करते ही महायोगी ने उसे इंगित करते हुए कहा ।

"आओ । क्या तुम इन्हें तुम पहचानते हो ?"

मनोज ने बहुत ही गौर से उस नवयुवक को देखा, तथा उसे पहचानने की कोशिश करने लगा । उसने अपने स्मृति पर बहुत जोर दिया किन्तु उसे पहचान पाने में अपने को असमर्थ पाया । उसके मन में यह भी चल रहा था की आखिर महायोगी ने एक अनजान व्यक्ति के सम्बन्ध में ऐसा प्रश्न क्यों किया, जरुर इसमें कोई न कोई बात होगी । वह बार बार अपने स्मृति पर जोर लगाता रहा किन्तु उस नवयुवक से सम्बन्धित कोई भी स्मरण उसके दिमाग में मौजूद नहीं था । अंततः उसने जबाब दिया ।

"नहीं मैं इन्हें नहीं पहचानता । "

"भले ही तुम इन्हें पहचान पाओ या नहीं किन्तु तुम इनसे पहले मिल चुके हो । " महायोगी ने हँसते हुए कहा ।

मनोज और भी आश्चर्यचकित हुआ । उसने सोचा महायोगी कभी झूठ नहीं बोल सकते । वह पुनः सोचने लगा की आखिर वह इससे पहले इनसे कहाँ मिला था । वह इसी उधेड़बुन में था तभी महायोगी बोल पड़े ।

"उस गाँव के शिव मन्दिर में जब तुम रात्री में ध्यान लगाने के लिए बैठते थे, तो तुम्हे एक सर्प के दर्शन होते थे न ?यह वही हैं । ये नागलोक के राजकुमार हैं । इनको नमन करो । प्रत्येक नाग या सर्प को भगवान शिव से विशेष प्रेम होता है । उस गाँव वाले शिव मन्दिर में एक सिद्ध संत के द्वारा जाग्रत शिवलिंग स्थापित है । उसी शिवलिंग पर नियमित रूप से 108 दिन विल्वपत्र (बेलपत्र) अर्पण करने के संकल्प को पूरा करने के लिए वहां इनकी उपस्थिति होती थी । जो की तुम्हारे वहां

पहुँचने के तीन दिन बाद ही पूरा हो गया था । उस शिवलिंग का पूजन अर्चन करने हेतु दृश्य और सूक्ष्म रूप से अनेको देवता तथा अन्य अन्य योनियों के सिद्ध गण हमेशा उपस्थित होते रहते हैं । सिद्ध संत के द्वारा स्थापित होने के कारण उस नर्मदेश्वर शिवलिंग के पूजन अर्चन का बहुत ही लाभप्रद परिणाम मिलता है । इससे भगवान भोलेनाथ प्रसन्न होते हैं और ऊपर की तरफ अध्यात्मिक गति देते हैं । इस पुरे भारत वर्ष में गिने चुने कुछ ऐसे ही और पूर्ण रूपेण जाग्रत शिवलिंग स्थापित हैं । उनमे बारह ज्योतिर्लिंग भी शामिल हैं । इन ज्योतिर्लिंगों का पूजन अर्चन मनुष्यों के साथ साथ गुप्त रूप से देवी देवता तथा अन्य योनियों के सिद्ध गण भी करते हैं । भगवान आशुतोष सबको प्रिय हैं । " कह कर मनीषी ने अपनी बात पूरी की ।

मनोज ने उस नाग राजकुमार के सामने अपना माथा नवाया और दोनों हाथ जोड़ कर प्रणाम किया । नाग राजकुमार ने भी मुस्कुराते हुए उसके सिर को स्पर्श किया और उसे आशीर्वाद प्रदान किया । इसके बाद नाग राजकुमार ने महायोगी तथा स्वामी सूर्यानंद को प्रणाम किया और देखते ही देखते गायब हो गए ।

स्वामी सूर्यानंद अब मनीषी के साथ गुफा के बहरी कक्ष में आ गये थे । तथा उन दोनों के पीछे पीछे मनोज और सन्यासी सदानंद भी बाहर आए । स्वामी सूर्यानंद ने दोनों हाथ जोड़ कर मनीषी से विदा मांगा । मनोज तथा सन्यासी सदानंद ने जमीन पर लेट कर स्वामी सूर्यानन्द को साष्टांग प्रणाम किया । दोनों को आशीर्वाद देने के बाद स्वामी सूर्यानंद अब गुफा से प्रस्थान कर चुके थे । स्वामी सूर्यानंद के प्रस्थान के बाद सन्यासी सदानंद भी अपनी गुफा में चले गये । महायोगी भी गुफा के भीतरी कक्ष में जा कर ध्यानस्थ हो गये । गुफा के बाहरी कक्ष में रह गया सिर्फ मनोज जो वहीँ बने चबूतरे पर बैठा हुआ था । उसके मन में विचारों ने तूफान मचा रखा था । जीवन में पहली बार उसने किसी नाग को मनुष्य रूप में देखा था । सर्पों तथा नाग मणियों के बारे में अनेक कथाएं उसने सुन रखी थी । बारी बारी से वे सभी कथाएं उसके स्मरण में सर्पों की तरह अब रेंगते हुए धीरे धीरे आ रहे थे । अचानक उसके मन में आया की चल कर कुछ समय सन्यासी सदानंद की गुफा में बिताना

चाहिए ।

मनोज गुफा से बाहर आया तथा सन्यासी सदानंद की गुफा की तरफ प्रस्थान किया । अब वह सन्यासी सदानंद के गुफा के ठीक बिलकुल सामने था । उसने सन्यासी सदानंद के गुफा के अंदर कुछ आवाज सुनाई दी । उसने ध्यान दिया तो पाया जैसे कुछ लोग सन्यासी सदानंद के गुफा के अंदर बातचीत कर रहे हों । वह सन्यासी सदानंद के गुफा के द्वार पर पहुंचा और गुफा में प्रवेष किया । उसने देखा गुफा के अंदर सन्यासी सदानंद के अलावा सात, आठ और साधु संत मौजूद थे । उसने उन्ही की आवाज सुनी थी । वे सभी साधु संत गेरुए वस्त्र में थे । उसे उनमे कुछ खास विषेशता नहीं दिखाई दे रही थी । वे सभी सन्यासी सदानंद से किसी अध्यात्मिक विशय पर चर्चा कर रहे थे । सन्यासी सदानंद ने मनोज को बैठने का इषारा किया । मनोज ने संतों का दोनों हाथ जोड़ कर अभिवादन किया । तथा वह वहां बैठ कर बहुत ही ध्यान से उन संतों की चर्चा सुनने लगा । वे सभी पुराण के किसी कथा पर चर्चा कर रहे थे । थोड़ी देर बाद सन्यासी सदानंद कुछ कार्यवष गुफा से बाहर आए । ठीक उनके पीछे मनोज भी बाहर आया, और एकांत पाते ही उसने उन संत माहात्माओं के बारे में जिज्ञासा की । सन्यासी सदानंद हँसते हुए बोले ।

" ये सभी अभी हाल ही में बने हुए नये नये संत हैं । इनमे कुछ बनारस से तो कुछ जूनागढ़ तथा कुछ वृन्दावन, चित्रकूट तथा अयोध्या से पधारे हैं । ये अलग अलग अखाड़ों से सम्बन्ध रखते हैं । ये लोग एक दो वर्श पूर्व ही दीक्षित हुए हैं । तथा अपने अपने गुरुओं की इजाजत से इस हिमालय क्षेत्र में साधना के लिए आए हुए हैं । ये सभी साधना के लिए इस हिमालय क्षेत्र में उचित स्थान की तलाष कर रहे हैं । और इसी सम्बन्ध में ये मुझसे राय मषविरा लेने हेतु यहाँ पधारे हुए हैं । और हाँ इन्हें महायोगी अखंडानंद के यहाँ निवास करने के बारे में कुछ भी पता नहीं है । और जब तक महायोगी नहीं चाहेंगे तब तक इन्हें उनके बारे में पता भी नहीं चलेगा । और वगैर उनकी मर्जी के ये उनसे मिल भी नहीं सकते । " सन्यासी सदानंद ने मुस्कुराते हुए बताया ।

मनोज उन साधु संतों को देख कर तथा उनसे मिल कर बहुत प्रसन्न था । उसने काफी देर सन्यासी सदानंद के गुफा में उन महात्माओं के

साथ समय बिताया । रात्री के आठ बज गये थे । वह महायोगी के गुफा में लौट आया । अंदर महायोगी अभी भी ध्यानस्थ थे । करीब डेढ़ दो घंटे बाद महायोगी गुफा के भीतरी कक्ष से बाहर आए । उनके हाथो में कुछ फल था जिसे उन्होंने मनोज को दिया और बोले ।

" इसे ग्रहण करो और जल्द सो जाओ । कल सुबह हमें एक नये स्थान के यात्रा के लिए प्रस्थान करना है । "

इतना बोल कर महायोगी पुनः गुफा के भीतरी कक्ष में चले गये । मनोज के दिमाग में विचारों की बाढ़ सी आ गयी थी । वह कल की यात्रा के बारे में सोचने लगा । अबकी बार अब और कौन सा रहस्य खुलने वाला है । इन्ही सब विचारों में खोए खोए न जाने उसे कब नींद आ गयी ।

6
धरती के निचे विलक्षण लोक !

सुबह सुबह मनोज अपने नित्यकर्म आदि से निवृत हो चुका था । स्नानादि के बाद अब वह महायोगी के अगले आदेश की प्रतीक्षा कर रहा था । इतने में सन्यासी सदानंद भी वहां आ गये । सुबह के दस बज रहे होंगे । सन्यासी सदानंद और मनोज के साथ महायोगी ने वहां से प्रस्थान किया ।

तीनों हिमालय के उस सुदूर पर्वतीय क्षेत्र में पैदल ही आगे बढे जा रहे थे । मनोज काफी हैरान भी था । क्योंकि अब तक की यात्राओं में महायोगी को जहाँ भी पहुंचना होता था, एक क्षण में ही सबके साथ पहुँच जाते थे ।

"पैदल यात्रा का मकसद है भविष्य में आवश्यकता पड़े तो मार्ग याद रहे । ऐसा भी हो सकता है की कभी तुम लोगों को अकेले भी इन स्थानों की यात्रा करनी पड़े । इसलिए हम अपने गंतव्य की तरफ पैदल आगे बढ रहे हैं । ताकि मार्ग की पहचान मष्तिष्क में बनी रहे । तथा पैदल चलने से स्वास्थ्य भी ठीक रहता है । " मनीषी ने हँसते हुए कहा ।

हालाकि मनोज कोई बीस बाईस दिनों से इन हिमालयी क्षेत्र में रह रहा था इसलिए यहाँ रहने के लिए अभ्यस्त हो चुका था । किन्तु इन क्षेत्र में उसे अधिक पैदल चलने का अभ्यास नहीं था । ऑक्सीजन की कमी के कारण रह रह कर उसकी साँसें फूलने लगती थी । जब उसकी साँसें फूलती सन्यासी सदानंद वहीं उन क्षेत्रों में उगे हुए हिमालयी वन तुलसी के पत्ते तोड़ कर सूंघने के लिए उसे देते । उन पत्तों को चुटकी में मसल कर सूंघने पर मनोज को थोड़ी राहत मिलती थी ।

चारो तरफ बर्फ से आच्छादित पर्वत श्रीन्खलायें अत्यंत मनोरम दृश्य उत्पन्न कर रही थी । इन श्रीन्खलाओं के बीच में घाटीनुमा मैदानी क्षेत्र था यह । इसी घाटीनुमा बुग्याली क्षेत्र में एक पतली पगडंडी पर तीनों बढे जा रहे थे । लगभग आठ दस किलोमीटर पैदल यात्रा कर चुके थे तीनों । करीब दो तीन किलोमीटर और पैदल चलने के बाद उस घाटी के मैदान में एक प्राचीन जीर्ण शीर्ण कुँआ नजर आने लगा । उस कुँवें के पास जा कर तीनो रुक गये । पक्का कुँआ था वह जिसमे पानी की एक बूँद भी नहीं थी । बिलकुल सूखा था वह । उस कुँवें में निचे उतरने के लिए दीवाल से सटा कर गोल घूमती हुई घुमावदार पक्की सीढियाँ बनाई गयी थी । कुँवें के तलहटी में झाँकने के बाद कुँवें के तल के दिवार में एक चोकोर छोटा सा दरवाजेनुमा आकृति दिखाई देती थी । ऐसा प्रतीत होता था जैसे अंदर ही अंदर उस दरवाजेनुमा आकृति से हो कर कहीं जाने का मार्ग बना हुआ था ।

"हमे इस कुँवें में निचे उतरना है । हमारी मंजिल का अगला रास्ता इसी कुँवें के अंदर से हो कर जाता है । " महायोगी ने कहा ।

तीनों कुँवें में बने सीढियों की मदद से कुँवें की दिवार से सट कर गोल गोल घुमते हुए निचे उतर गये । अब वे कुँवें की तलहटी में थे । उनके सामने कुँवें की तलहटी के दिवार में बना एक छोटा सा चैकोर दरवाजा था । वे तीनों उस दरवाजे में प्रवेश कर गये । अब वे एक चार से पांच मीटर व्यास वाले एक सुरंग में थे । सुरंग में घुप्प अँधेरा था । कोई दस बीस कदम आगे बढ़ने पर सुरंग में आगे का मार्ग दिखाई नहीं दे रहा था, तभी एक आश्चर्यजनक घटना घटी । महायोगी अखंडानन्द का सम्पूर्ण शरीर हल्का प्रदीप्त हो गया । उनके शरीर से मरकरी के जैसा श्वेत प्रकाश निकलने लगा । उनके शरीर से इतना प्रकाश निकल रहा था, जिससे सुरंग के अंदर दो से तीन मीटर की दूरी तक प्रत्येक चीज को आसानी से देखी जा सकती थी । अब तीनों बिना बाधा के उस सुरंग में आसानी से आगे बढ़ रहे थे । लगभग सुरंग में आधे किलोमीटर चलने के बाद सुरंग में हीं निचे की ओर जाती हुई सीढियां बनी हुई थी । वे सुरंग के अंदर बनी हुई सीढियों से निचे उतरने लगे । मनोज बिलकुल मौन और जिज्ञासा के भाव से भरा हुआ था । उसके लिए यह रहस्यमयी लोक में चलने जैसा अनुभव था । लगभग आधे किलोमीटर तक वे सुरंग में बनी हुई सीढियों से निचे उतरे । सीढियां अब समाप्त हो गयीं । वे फिर सुरंग में सामने की तरफ बढ़ने लगे । सामने की सुरंग की दीवालें सीलन भरी थी । सुरंग की छत से जल की बूँदें रह रह कर टपक रही थी । सुरंग की दीवाल पर कुछ स्थानों से जल का हल्का रिसाव भी हो रहा था । निचे की जमीन हल्की गीली थी । कुछ स्थानों पर निचे थोड़ी थोड़ी दूरी पर हल्का एंडी भर जल का जमाव भी मिल रहा था । जिसमे से तीनों पैर से छप छप की आवाज करते हुए निकल रहे थे । सुरंग में सीढियां उतरने के बाद करीब डेढ़ दो किलोमीटर रास्ता उन्होंने तय कर लिया था । सुरंग में वे जैसे जैसे आगे बढ़ रहे थे सुरंग अब चैड़ा होता जा रहा था । अब सुरंग के छत और दीवालों पर पत्थर की नुकीली आकृतियाँ भी दिखाई देने लगी थी । सुरंग को और आधे किलोमीटर पार करने के बाद सुरंग की दीवालों और छत पर बनी नुकीली आकृतियों की संख्या में लगातार बढ़ोतरी हो गयी

थी । वे करीब एक डेढ़ किलोमीटर इस चैड़ी और नुकीले पत्थरों से भरी हुई सुरंग में चलते रहे । किन्तु कुछ दूर और चलने पर सुरंग अब फिर से संकरा हो गया था । जिसके कारण उन्हें बहुत सावधानी के साथ चलना पड़ रहा था । सुरंग की दीवालों और छत पर उन पत्थर की उभरी नुकीली आकृतियों से बच बच कर चलना पड़ रहा था उन्हें । सुरंग की दिवार पर सीलन वैसा ही था और थोड़ी थोड़ी दूरी पर जल का जमाव भी पहले जैसा ही मिल रहा था ।

करीब सुरंग में दो तीन सौ मीटर और आगे बढ़ने पर सामने के दृश्य देख कर मनोज के रौंगटे खड़े हो गये । सुरंग के दीवालों तथा छत पर नुकीले पत्थर की उन उभरी हुई आकृतियों पर अजगर की तरह के मोटे मोटे सर्प लिपटे हुए दिखाई दिए । जो धीरे धीरे रेंग भी रहे थे । मनोज जहाँ भी नजर दौड़ाता चारो तरफ उन नुकीले उभरे हुए पत्थरों पर वे सर्प लिपटे हुए दिखाई दे रहे थे । वे सर्प काफी मोटे तथा लम्बे लम्बे थे । उन सर्पों में से सबसे छोटे सर्प की लम्बाई चार से पांच मीटर होगी । इन तीनो को देख कर उनमे से कुछ सर्प फुफकारने लगे । मनोज ठिठक कर रुक गया । सर्पों को फुफकारते देख महायोगी अखंडानंद हाथ जोड़ कर तथा आँखें बंद कर मन ही मन कुछ बुदबुदाने लगे । जब उन्होंने आँखें खोली वे सर्प बिलकुल शांत थे । तीनो अब आगे बढे ।

"हम जिस लोक में जा रहे हैं ये सर्प उस लोक के रक्षक हैं । जब मैंने एक गुप्त मन्त्र का उच्चारण कर उस लोक के स्वामी से इनका मानसिक संपर्क कराया, तब इन्होने हमे आगे बढने दिया । " मनीषी ने उन दोनों को बताया ।

सर्पों से भरे इस क्षेत्र को पार करते ही सुरंग का एक नया रूप सामने था । सुरंग की दीवालों और छत पर अब कोई नुकीली पत्थर की उभरी हुई आकृति नजर नही आ रही थी । और न हीं सुरंग की दीवालों पर सीलन था । बल्कि उनकी जगह पर सुरंग की दीवालों और छत पर कुछ तांत्रिक ज्यमितीय आकृतियाँ बनी हुई नजर आ रही थी । फन काढ़े हुए तथा कुंडली मार कर बैठे हुए कुछ सर्पों की बनी हुई आकृति भी सुरंग की दीवाल तथा छत पर नजर आ रही थीं । सुरंग की छत पर थोड़ी थोड़ी दूरी पर रंगीन रत्न जैसे बड़े पत्थर जड़े हुए नजर आ रहे थे । जो बल्ब

का कार्य कर रहे थे । उन रंगीन पत्थरों के कारण सुरंग में चारो तरफ लाल, पीली और नीली रंग बिरंगी रोशनी फैली हुई थी । लगभग डेढ़ दो किलोमीटर सुरंग में चलने के बाद सामने प्रकाश दिखाई दिया । यह सुरंग के अंतिम छोर पर बने हुए दरवाजे से आता हुआ प्रकाश था । तीनो सुरंग से बाहर आ गये । सुरंग से निकलने के बाद, मनोज ने जिज्ञासावश पीछे मुड कर देखा । पीछे एक हरा भरा पर्वत था और उसी पर्वत में बने सुरंग के दरवाजे से बाहर आए थे वे तीनो ।

सामने एक दिव्य लोक का दर्शन कर रहा था मनोज । काफी दूर तक फैला हरियाली से भरा हुआ बड़ा मैदान था सामने । मैदान में क्यारियाँ बनी हुई थी जिसमे तरह तरह के फूलों के पौधे लगे हुए थे । उन क्यारियों में सजावटी पौधों के भी दर्शन हो रहे थे । फूल पतियों से भरी हुई क्यारियाँ दूर तक नजर आ रही थी । मैदान में बड़े बड़े वृक्षों के बगीचे भी थे । वैसे तो बगीचों में सभी तरह के वृक्ष लगे हुए थे । किन्तु आम, कटहल, पीपल, बरगद के वृक्षों की बहुतायता थी । उस हरे भरे बाग बगीचों वाले मैदान में कई स्थानों पर एक एक मीटर व्यास वाले कई वृतीय आकृतियाँ भी दिखाई दे रही थी । उनकी बनावट ठीक वैसे ही थी जैसे सड़क पर कोई मेन होल बना हुआ हो । यह वैसा ही दिख रहा था जैसे सम्पूर्ण मैदान में कई मेन होल बने हुए हों । सडक के किनारे भी वैसी ही मेन होल जैसी वृतीय आकृति बनी हुई थी । उस बड़े मैदान के पार काफी दूरी लगभग सात आठ किलोमीटर पर सुंदर पहाड़ियों की श्रीन्खला शुरू हो रही थी । उन फूलों की क्यारियों और बाग बगीचे से होते हुए एक रास्ता बना हुआ था । उस रास्ते के किनारों पर भी तरह तरह के छायेदार वृक्ष लगे हुए थे । मनीषी के निर्देश पर मनोज और सन्यासी सदानंद सामने दिख रहे रास्ते पर उनके साथ चल पड़े । रास्ते में चलते हुए तरह तरह के फूलों का सुगंध वे अपने नथुनों में साफ महशूश कर सकते थे । उस रास्ते के किनारे अगल बगल लगभग एक एक किलोमीटर की दूरी पर सुंदर पक्के तालाबों के भी दर्शन हो रहे थे । उन तालाबों का जल बिलकुल स्वच्छ एवं पारदर्शी नजर आ रहा था । तालाबों में खिले हुए कमल भी साफ साफ देखे जा सकते थे । तालाब के किनारे भी चारो तरफ बड़े बड़े वृक्ष नजर आ रहे थे ।

ऐसे सुंदर दृश्य देख कर मनोज को अंततः नहीं रहा गया । आखिर उसने मनीषी से पूछ ही लिया ।

"यह कौन सा सुंदर दिव्य लोक है प्रभु ? "

मनीषी उसके तरफ देख कर मुस्कुराए और वे बोल पड़े ।

पताल का नाम तो तुमने सुना ही होगा । लेकिन यह पताल लोक नहीं है । दरअसल पृथ्वी के जिस तल पर हम रहते हैं ठीक इसके निचे सात तल और हैं । जिनका वर्णन पुराणों में मिलता है । वे सात तल हैं क्रमशः अतल लोक, वितल लोक, सुतल लोक, तलातल लोक, महातल लोक, रसातल लोक और सबसे अंत में पताल लोक । असल में हम सोचते हैं ये सभी निचे के लोक बहुत डरावने और वीभत्स हैं, जबकि हकीकत क्या है यह तुम देख ही रहे हो ।"मनीषी ने समझाया, और आगे उन्होंने बोलना जारी रखा ।

" इन प्रत्येक लोकों में अलग अलग लोगों की सत्ता कायम है । पहले तल या लोक का स्वामी मय दानव का पुत्र बाला है, जो की स्वभाव से बड़ा ही क्रूर है । नित्य काम वासना में लिप्त रहने वाला जीव है वह और अत्यंत शक्तिशाली है । "

"क्या हमे उस बाला नाम के दानव के दर्शन भी होंगे ? " मनोज बीच में ही पूछ पड़ा ।

"कतई नहीं । जैसा की मैंने तुम्हे बताया वह अत्यंत हिंसक स्वभाव का है और यह भी मत भूलो की वह एक दानव है । इसलिए मैं यह कभी नहीं चाहूँगा की हम सब का सामना उससे हो । " मनीषी बोले ।

"दुसरे लोक का स्वामी भगवान भोले नाथ शिव का ही एक रूप हरा भव है । जो माता भवानी के साथ अपने प्रिय गण भूत, प्रेतों और इसी तरह के दूतों के साथ, दुसरे लोक में निवास करते हैं । जिसका नाम वितल लोक है जैसा की मैंने पहले भी बताया है । इस लोक में सोने (Gold)का खान है जिसके स्वामी शिव हैं । और इसी लोक में हतकी नदी भी बहती है जो सोना उगलती है । " मनीषी ने कहा ।

" प्रभु हरा भव में कुछ समझा नहीं । " मनोज के कहा ।

"भव मतलब हुआ बंधन, माया, संसार चाहे कुछ भी कह लो जिससे हम बंधे हुए हैं जन्म जन्म से । इसी भव बंधन के कारण हमे बार बार

जन्म लेना पड़ता है और बार बार मृत्यु आती है । इतना तो तुम समझ ही गए ! और हरा मतलब हुआ हरने वाले, समाप्त करने वाले । तो जो भव बंधन से मुक्त करे वही भव हरा है यानी शिव ।"

"प्रभु क्या आपने कभी शिव के दर्शन किये हैं ? " मनोज ने महायोगी से अचानक ही यह प्रश्न कर दिया ।

"क्या तुम्हे अभी भी संदेह है ? " मनीषी उसकी तरफ देख कर मुस्कुराए और बोले ।

"हाँ, मुझे कई बार परम कृपालु भगवान आशुतोष के दर्शन हुए हैं । कई बार उन्होंने अकेले दर्शन दिया है और कई बार माता भवानी के साथ भी । और अपनी साधना बढ़ा कर, नियमित मन्त्र जप में लीन रह कर तुम भी भगवान शिव के दर्शन कर सकते हो । वे सहज ही प्रसन्न हो जाते हैं । सन्यासी सदानंद ने भी भगवान भोले नाथ के दर्शन किये हैं, अपनी गुफा में साधनारत रहते हुए । "

मनोज यह सुन कर अत्यंत रोमांचित हुआ और झेंप भी गया । उसने सोचा मुझे यह प्रश्न महायोगी से नहीं करना चाहिए था । इनके साथ रहते हुए मुझे कई चमत्कारी अनुभव हुए हैं । इस तरह के अनुभव कराने वाले महायोगी को तो अवश्य ही शिव ने दर्शन दिया होगा इसमें संदेह कहाँ ! किन्तु वह क्या करे मन है की बिना पूछे मानता ही नहीं ।

"कोई बात नहीं मन में इस तरह के विचार आते ही रहते हैं । मन के इन्ही सूक्ष्म जटिलताओं को समझ कर मन का लोप कर देना हीं तो अध्यात्म का उद्धेश्य है । " मनीषी ने मुस्कुराते हुए समझाया ।

" निचे का तीसरा लोक सुतल लोक बहुत ही दिव्य लोक है क्योंकि यहाँ भगवान विष्णु के परम भक्त, परम दानी राजा महाबली का निवास स्थान है । वे वहां नियमित साधनारत रहते हैं अभी भी । राजा बली का नाम तो तुमने सुना ही होगा ? " मनीषी ने पूछा ।

" जी भला परम दानी राजा बली का नाम भारत में किसने नहीं सुना होगा । जिनके अत्यंत दानशील होने की कथा भारत के बच्चे बच्चे की जुबान पर रहती है । जिन्होंने अपनी वचनबद्धता की रक्षा करते हुए अपना शरीर तक भगवान विष्णु को दान कर दिया । वैसे परम महादानी को प्रणाम है । " मनोज ने यह कहते हुए राजा बली के प्रति अपने भाव

प्रदर्शित किए ।

वे तीनों ऐसे ही अन्य लोकों के सम्बन्ध में वार्तालाप करते हुए मार्ग पर आगे बढे जा रहे थे । तभी मार्ग पर दूसरी तरफ से दस, बारह नवयुवक एवं नवयुवतियों का एक झुण्ड आता हुआ दिखाई दिया । उन सभी ने देवी, देवताओं की तरह परिधान धारण कर रखे थे । वस्त्रों पर तरह तरह के कीमती रत्नों, भूषणों, मणि , माणिक्यों , आभूषणों आदि की आधिक्यता थी । फर्क इतना था की स्त्री, पुरुष दोनों ने सिर पर मुकुट की जगह कुंडली मारे तथा फन काढ़े सोने या चांदी का एक सर्पनुमा छल्ला धारण कर रख था । जिनमे अनेक रत्न जडित थे । वह नवयुवक एवं नवयुवतियों का झुण्ड, अपने में ही मस्त अठखेलियाँ करते हंसी ठहाकों के साथ वार्तालाप करते हुए वहां से गुजर गया । इन तीनों पर उन लोगों ने कोई ध्यान नहीं दिया ।

"ये सभी कौन हैं प्रभु ? हम पृथ्वी के किस लोक में हैं ? " मनोज ने महायोगी से प्रश्न किया ।

"हम सभी अभी पृथ्वी के निचे पांचवे लोक महातल लोक में हैं । यह नागों और अन्य सर्पों का लोक है । पुराणों के अनुसार ऋषि कश्यप और उनकी पत्नी कद्रू की संताने जो की सर्प तथा नाग हैं, यहीं इसी लोक में निवास करते हैं । भगवान गरुड़ से भय के कारण तथा उनसे बचने के लिए इन सर्पों ने अपने निवास के लिए यह स्थान चुना है । इस लोक में छोटे छोटे ऐसे बहुत से क्षेत्र हैं, जहाँ ये सर्प निवास करते हैं । कई अलग अलग दुर्गम क्षेत्रों में तो एक से बढ़ कर एक भयंकर से भयंकर विषधर सर्पों का भी निवास है । ऐसे ही एक क्षेत्र में क्रोधवश नामक समूह के सर्पों का एक वर्ग निवास करता है, जो अत्यंत भयंकर हैं । कृष्ण के समय का कालिय नाग भी उस समूह का हिस्सा है । अभी अभी मनुष्य रूप में जो नवयुवक एवं नवयुवतियों का समूह गुजरा है, वे दरअसल नाग पुरुष एवं नाग कन्याएं थी । बहुत से सर्पों में कुछ समय अंतराल के बाद मनुष्यों का रूप धारण करने की क्षमता आ जाती है । इस सर्पलोक में अधिकाँश सर्प मनुष्य रूप में ही दीखते हैं । हम जिस क्षेत्र में हैं यहाँ शांत और सौम्य स्वभाव वाले सर्पों का ही निवास है और इनमे से अधिकाँश मनुष्य रूप में ही दृश्य हैं । इसलिए भयभीत और चिंतित मत होओ । " मनीषी ने

हँसते हुए मनोज को समझाया ।

मनोज यह सुन कर दंग रह गया । जिस नागलोक का वर्णन उसने आज तक कथा कहानियों में ही सुना है । अभी वह ऐसे ही एक लोक में मौजूद है ।

" हमने सुना है यह पृथ्वी शेषनाग के सिर पर अवस्थित है । और शेषनाग पताल में निवास करते हैं । तो क्या हमे शेषनाग के भी दर्शन होंगे ।" मनोज ने महायोगी से पूछा ।

मनोज की बात सुन कर महायोगी मुस्कुराए और बोले ।

" पृथ्वी का जो सबसे निचला सातवां और अंतिम भाग है, वही वास्तविक पताल लोक है अनंत शेषनाग तथा सर्पराज वासुकी का वहीं निवास है । इस सातवें अंतिम लोक का दूसरा नाम भोगवती पुरी भी है जो इंद्र के लोक अमरावती की तरह ही प्रत्येक सुख सुविधाओं से सम्पन्न है । उस लोक में भी अनेकों अनेक भयंकर से भयंकर सर्पों का निवास है । जिनके रूप डरावने तथा विचित्र होते हैं । उनमे से कई सर्पों के तो दो या दो से अधिक मुख भी होते हैं । स्वयं अनंत शेषनाग के सहस्त्र यानी हजार फन हैं । किन्तु शेषनाग के सहस्त्र फनों वाले उस रूप का दर्शन सभी के लिए अत्यंत दुर्लभ है । कुछ विशेष देवता ही उस रूप का दर्शन कर पाते हैं । वे आमतौर पर अपनी साधारण अवस्था में ही रहते हैं । शेषनाग के निवास तक इस शरीर में पहुंचना मुश्किल है । वहां सिर्फ देवता जा सकते हैं । तथा मनुष्यों में सिद्ध तपस्वी संत आदि अपने सूक्ष्म शरीर के द्वारा वहां पहुँच सकते है । इसलिए अभी तो हम अनंत शेषनाग के दर्शन नहीं कर सकते हैं । तुम यहाँ जब गौर करोगे तो पाओगे ऊपर आसमान में रह रह कर विद्युत् के समान रंग बिरंगी प्रकाश की चमक दिखाई देती है । वह प्रकाश और कुछ नहीं भगवान अनंत शेषनाग के मणि की चमक है । " महर्षि ने कहा ।

बात करते करते इसी तरह एक डेढ़ किलोमीटर तीनो चले होंगे की सामने एक छोटी सी नदी दिखाई दी । यह नदी वैसी ही थी जैसी हिमालय के क्षेत्रों में छोटी छोटी नदियाँ चट्टानों के ऊपर से बहा करती हैं । अत्यंत स्वच्छ जल था इस नदी का । पानी इतना साफ था की नदी का निचला तल साफ साफ दिखाई दे रहा था । नदी के तल में छोटे छोटे चमकीले

गोल गोल पत्थर साफ देखे जा सकते थे । कल कल करती आगे बढ़ी जा रही थी नदी । नदी को पार करने के लिए एक पुल भी बना था नदी के ऊपर । जिस रास्ते पर ये तीनो बढे जा रहे थे उसी रास्ते पर नदी को पार करने के लिए वह छोटा पुल बना हुआ था । तीनो ने पुल के ऊपर चलते हुए नदी को पार किया । कुछ दूर आगे बढ़ने के बाद दूर एक विशाल स्वर्णमयी महल की झलक देखी तीनो ने ।

" प्रभु सामने दिख रहा महल किसका है ? " मनोज ने महायोगी से प्रश्न किया ।

" चलो सारी बात आगे समझ में आ जाएगी । हम उसी महल में बुलाये गये अतिथि हैं । उस दिन तुम गुफा में जिस नागराज से मिले थे दरअसल वे अपने एक विशेष कार्यक्रम में हमे आमंत्रित करने आए हुए थे । " महायोगी ने मुस्कुराते हुए कहा ।

" प्रभु इन नागों के अलावा धरती के निचले तलों में और कौन कौन निवास करते हैं ? " मनोज ने पुनः प्रश्न किया ।

" वरुण लोक जिसके स्वामी वरुण देवता हैं । सारे समुद्र का जलीय क्षेत्र उन्ही के अधीन है । सागर के सम्पूर्ण जलीय जन्तु के अधिष्ठात्री देव वरुण ही हैं । समुद्र के अलावा भी जमीन के अंदर जो जलीय क्षेत्र है सब वरुण देव के अधीन ही है । " मनीषी बोले ।

"पृथ्वी के निचे चौथा लोक तलातल लोक है । जिसका स्वामी मय नामक दानव है । वह अदभुत शिल्पकार है । मय दानव ने स्वयं अपने हाथो से इस लोक का निर्माण किया है । इस लोक में अत्यंत ही विशाल, विशाल एवं अत्यंत ही सुंदर और मनमोहक महल तथा अट्टालिकाएं बनी हुई हैं । जो अत्यंत ही उत्कृष्ट वास्तुकला का उदाहरण है । इनमे से कई महल तो स्वर्ण से भी निर्मित हैं । मय दानव तन्त्र का भी बहुत बड़ा ज्ञानी एवं महारथी है । इसीलिए तो वह अत्यंत मायावी है, और उसका नाम मय है । उसके उस लोक को भगवान शिव का संरक्षण प्राप्त है । मय दानव के लोक में उसके साथ साथ और भी एक से बढ कर एक अत्यंत शातिर और अत्यंत क्रूर, भयंकर दैत्य रहते हैं । " मनीषी ने बताया ।

" पृथ्वी के निचे छठा जो लोक है, वह लोक है **रसातल** । यह भी दैत्यों दानवों से भरा हुआ है । यहाँ दैत्य और दानव अनेको गुफाओं में निवास करते हैं । इस रसातल लोक में ही एक तरफ सागर मंथन से उत्पन्न वेद, उपनिषदों एवं पुराणों में वर्णित सुरभि गाय का निवास स्थान भी है । सुरभि नामक यह गाय सम्पूर्ण मनोकामनाओं की पूर्ति करने वाली हैं । इस सुरभि नामक गो के स्थान को सुरभि लोक के नाम से भी जाना जाता है । सुरभि गाय भगवान विष्णु एवं अन्य देवताओं के द्वारा संरक्षित हैं । इसलिए वहां रहने वाले दैत्य, दानव इत्यादि भगवान विष्णु एंव देवताओं के भय से उन्हें कोई हानि नहीं पहुंचाते । ” मनीषी ने बताया ।

तीनो बातचीत में इतने मशगूल थे, की चलते चलते वह स्वर्णमयी महल कब उनके सामने आ गया उन्हें पता ही नहीं चला । वे तीनो अब उस स्वर्ण महल के सामने थे । इस महल के चारो तरफ अत्यंत सुंदर फूलों से भरे बागों के दर्शन हो रहे थे । उन फूलों से भरे बागों में भी सडक पर बने मेन होल जैसी वृतीय आकृतियाँ दिखाई दे रही थी । उन वृतीय आकृतियों की बहुलता वहां के सम्पूर्ण धरातल पर थी । महल के बाहर विभिन्न तोरण द्वार सजाये गये थे । महल के ठीक सामने वाले खुले मैदानी भाग में कई मंच बनाए हुए थे तथा मंच के सामने लोगो के बैठने की व्यवस्था की गयी थी ।

महल के दिवार पर चारो तरफ तरह तरह के सर्पो की आकृति उकेरी हुई थी । उस महल के दीवाल, छत, छत का मुंडेर, स्तम्भ आदि कोई भी ऐसा स्थान नहीं था जहाँ सर्पो की आकृति नहीं उकेरी गयी हो । उन उकेरे गये सर्पो के दोनों आँखों की पुतलियों में और फन के शीर्ष पर तरह तरह की रंगीन कीमती चमकीले रत्न एवं मणियाँ जड़ी हुई थी । महल के प्रवेश द्वार के दोनों स्तम्भों के ऊपर बाएं दायें दोनों तरफ फन काढ़े हुए सोने के सर्प बने हुए थे । जिनका मुख बिलकुल आमने सामने था ।

तीनो ने महल में प्रवेश किया । यह महल वास्तुकला का अदभुत नमूना था । महल की अंदर की दिवाले और छत भी अदभुत नक्काशियों से भरे हुए थे । उन नक्काशियों में फन काढ़े हुए तथा बिना फन के सर्पो की आकृतियाँ भी उकेरी गयी थी, जिनकी बहुलता थी । एकाध स्थानों पर बाजनुमा पक्षी पर अत्यंत क्रोधित फन फैलाए हुए फुंफकार

कर अग्नि उगलते हुए सर्पों की छवि भी उकेरी हुई थी । ये बाज दरअसल गरुड़ के प्रतीक थे । महल की छत पर अनेको अनेक झाड़ फानूस, झूमर आदि टंगे हुए थे । जिनके अंदर कई रत्न मणि आदि प्रकाशित हो कर टिमटिमा रहे थे । इन झूमरों के अलावा भी छत में बल्ब की तरह कई रंगीन प्रकाश उत्सर्जित करने वाले बड़े बड़े मणि जड़े हुए थे । जिनके प्रकाश से महल के अंदर के कक्ष जगमगा रहे थे । अंदर का सारा महल इन्ही रत्नों मणियों से जगमग जगमग कर रहा था । ये रत्न तथा मणियाँ अलग अलग रंग के प्रकाश बिखेर रहे थे ।

तीनो ने महल का बाहरी कक्ष पार कर एक दुसरे हालनुमा कक्ष में प्रवेश किया । उस दुसरे कक्ष में सामने एक ऊँचे स्वर्ण सिंहासन पर एक स्त्री तथा एक पुरुष विराजमान थे । उनके अगल बगल दो अलग अलग सिंहासनो पर दो नवयुवक विराज रहे थे । उनमे से एक को देखते ही मनोज ने पहचान लिया । इसे ही मनीषी की गुफा में उस दिन मनोज ने देखा था । उन दोनों का सिंहासन बीच वाले सिहासन से उंचाई में थोडा कम था । उन दोनों नवयुवकों के सिंहासनो के सामने थोड़े और कम उंचाई वाले सिंहासनो की कतार थी । उन कतारबद्ध सिंहासनो पर अनेक स्त्री एवं पुरुष विराज रहे थे जो असल में नाग पुरुष एवं नाग कन्याएं थी । उन सभी ने अत्यंत चमकीले एवं बहुमूल्य वस्त्र धारण कर रखा था । वस्त्रों पर तरह तरह के अमूल्य हीरे, जवाहरात, रत्न और मणियाँ जड़ी हुई थी । सबने सिर पर मुकुट के रूप में फन काढ़े हुए सर्प की आकृति वाला छल्ला धारण कर रखा था । किन्तु सामने ऊँचे सिंहासन पर विराज रहे दोनों स्त्री पुरुष तथा अगल बगल में विराज रहे नवयुवकों का मुकुट थोडा अलग था । उन्होंने स्वर्ण का कोणीय अकार वाला मुकुट धारण कर रखा था । जिसके ऊपर एक फन काढ़े हुए नाग की आकृति बनीं हुई थी ।

मनीषी को देखते ही ऊँचे सिंहासन पर विराज रहे स्त्री पुरुष खड़े हो गये । उनके खड़े होने पर सभा में उपस्थित और सभी लोग भी खड़े हो गये । वे दोनों स्त्री पुरुष जो उस क्षेत्र के नागो के राजा एवं रानी थे । सिंहासन से उतर कर मनीषी के पास आए और साष्टांग दंडवत हो कर प्रणाम किया । उन दोनों ने बहुत ही उत्साहपूर्वक और प्रसन्नता से भर

कर तीनो का स्वागत किया । तथा अपने बगल में ही तीन और सिंहासन लगवा कर उन्हें स्थान ग्रहण करवाया । दोनों राजकुमारों ने भी मनीषी को साष्टांग दंडवत हो कर प्रणाम किया । तथा शेष सभी जो जहाँ थे वहीँ से खड़े हो कर हाथ जोड़ कर मनीषी को प्रणाम किया ।

सभी अपने स्थान पर विराज रहे थे । तभी ऊँचे सिंहासन पर बैठे नागो के राजा ने कुछ बोलना प्रारम्भ किया, उन्होंने कहा ।

" आज ये हमारा सौभाग्य है कि बड़े राजकुमार के उतराधिकारी की घोषणा एवं राज्याभिषेक के अवसर पर हमारे बीच पृथ्वी के हिमालयी क्षेत्र से, बहुत ही सिद्ध ब्रह्मज्ञानी, महायोगी संत श्री अखंडानन्द जी भी उपस्थित हैं । मैं चाहूंगा हमारे राजकुमार का अभिषेक इन्ही के कर कमलो से हो । "

इतना सुनते ही सभा में तालियाँ बजने लगी । सभी ने राजा के इस इच्छा का स्वागत किया ।

बड़े राजकुमार को सभा के बीच एक आसन पर बिठाया गया । सभा मंडप के अंदर हाथ में सोने के कलश लिए हुए कई नाग कन्न्यायों की एक कतार उपस्थित हो गयी । स्वर्ण कलशों में अनेक पवित्र तीर्थों का सुगन्धित जल था । स्वयं महाराज ने मनीषी के आसन के पास जा कर राजकुमार के अभिषेक के लिए अनुरोध किया । मनीषी राजकुमार के निकट गये, तथा उन नाग कन्न्यायों के हाथ से जल भरा कलश ले कर वेद मंत्रोचारण के साथ नाग राजकुमार के सिर पर धारा प्रवाह उडेलना शुरू किया । उनके ऐसा करते ही वहां उपस्थित सिंहासनो पर आसीन नाग पुरुष एवं नाग कन्न्यायों ने भी जोर जोर से वेद मन्त्रों का ध्वनी उच्चारण शुरू कर दिया । सारा वातावरण वेद मन्त्रों से गूँज गया । वहां एक अलौकिक दिव्यता छा गयी । मनोज उन नाग पुरुषों एवं नाग कन्न्यायों को वेद मन्त्रों का उच्चारण करते देख एकदम आश्चर्यचकित था । कुछ देर वेद मन्त्रों का उच्चारण उन लोगो के द्वारा चला । फिर थोड़ी देर बाद उन नाग पुरुष तथा नाग कन्न्यायों ने बांसुरी जैसी एक विशेष ध्वनी का उच्चारण करना शुरू किया । वह विशेष ध्वनी उन लोगो के द्वारा अभी जारी ही थी, की दो मिनट उपरान्त एक से एक पतले, मोटे, लम्बे, छोटे सभी तरह के सर्प रेंगते हुए महल के उस कक्ष में मौजूद हो गए ।

सारा कक्ष विभिन्न प्रकार के सर्पों से भर गया । लगभग पांच मिनट बाद उन नाग पुरुषों तथा नाग कन्याओं ने बांसुरी की तरह का विशेष ध्वनी उच्चारण करना बंद कर दिया । उनके ध्वनी उच्चारण बंद करते ही सभी सर्प महल के कक्ष से रेंग रेंग कर बाहर की ओर जाने लगे । मनोज ने अपनी जिन्दगी में एक साथ इतने सारे सर्प कभी नहीं देखे थे । वह अत्यंत ही विस्मित था । मनीषी अभी भी लगातार नाग राजकुमार के सिर पर जल उड़ेल रहे थे । वहां खड़ी कुछ नाग कन्याएं नाग राजकुमार पर फूलों की वर्षा भी कर रही थी । वहां उपस्थित नाग पुरुष एवं नाग कन्यायों ने पुनः वेद मन्त्रों का बोल कर संगीतमयी उच्चारण प्रारम्भ किया । लगभग पांच से सात मिनट तक वेद मन्त्रों का उच्चारण और चला । फिर दो से तीन मिनट तक महल के कक्ष में शान्ति रही । कुछ समय उपरान्त सिंहासन पर आसीन महाराज तथा महारानी ने बहुत ही पतली आवाज में क्रिंगग्गग्गग .... क्रिंगग्गग्गगग........ की ध्वनी उच्चारित करना शुरू किया । उनके ऐसा करते ही सभा कक्ष में मौजूद सभी ने वैसा ही ध्वनी उच्चारित करना शुरू कर दिया पांच सात मिनट ध्वनी उच्चारण के बाद, तरह तरह के उड़ने वाले सर्प उड़ उड़ कर महल के सभा कक्ष में उपस्थित होने लगे । मनोज ने महल के छत की तरफ ऊपर देखा तो पाया कई सर्प ऊपर भी पंख फडफडाते हुए हवा में स्थिर हैं । मनोज के चेहरे पर आश्चर्य का भाव और अधिक गहरा गया । उन सर्पों के पंख तो थे किन्तु पैर नहीं थे । वे उड़ते हुए निचे की ओर आते और पहले अपनी पूंछ को फर्श पर टिकाते फिर पूंछ के बल ही एक ही जगह स्थिर हो जाते । फिर अपने पंख को समेट लेते थे । इन सर्पों के पंख चमगादड़ की तरह बिलकुल झिल्लीदार पतले चमड़े का था । ये सर्प ज्यादा बड़े बड़े नहीं थे । वे सारे सर्प उड़ते हुए आते, फिर अपनी पूंछ के बल जमीन पर लम्बवत खड़े हो कर स्थिर हो जाते । फिर अपने पंख फडफडाते हुए उड़ कर महल के बाहर चले जाते । यह क्रम लगभग पन्द्रह से बीस मिनट तक चला । अब उन लोगों ने विशेष ध्वनी निकालना बंद कर दिया । मनीषी के द्वारा राजकुमार के सिर पर जल उड़ेलने का कार्य अभी भी जारी था ।

अभिषेक का कार्यक्रम जारी था । तभी सभा मंडप में एक विशाल बाज जिसका सिर मनुष्य की तरह था किन्तु चोंच एकदम नुकीली, बाहर निकली हुई बाज की तरह था, (*बहुत हद तक गरुड की तरह*) अपने पंख फडफडाते हुए उड़ता हुआ आया । और सभा मंडप में ऊपर छत की ओर एक ही जगह हेलीकॉप्टर की तरह उड़ते हुए स्थिर हो गया । उसकी आँखें भी मनुष्य की तरह थी किन्तु कान पक्षियों की तरह अंदर ही था । उसके डैने लगातार ऊपर निचे हो रहे थे किन्तु उसका शरीर वायु में बिलकुल स्थिर बना हुआ था । उसके डैनो के हिलने के कारण निचे हवा की हल्की आंधी सी आई हुई थी । उसके सभा मंडप में आते ही वहां उपस्थित नाग पुरुष तथा नाग कन्यायों में अफरा तफरी मच गयी । कुछ नाग पुरुष तथा नाग कन्याएं इधर उधर भागने लगे । वहां उपस्थित प्रत्येक के चेहरे पर भय की रेखा साफ देखी जा सकती थी । सिंहासन पर बैठे नागो के राजा तथा रानी उठ कर अब मनीषी के पास आ गये थे । उन दोनों के चेहरे पर भी भय देखा जा सकता था । वे दोनों मनीषी की तरफ कातर दृष्टि से देख रहे थे । मनोज तथा सन्यासी सदानंद भी मनीषी के करीब आ गये । मनीषी ने अपनी नजरें ऊपर उठायी तथा एक मन्त्र बुदबुदाते हुए उस बाज को बहुत ही तीक्ष्ण दृष्टि से कुछ क्षणों के लिए घूरा । मनीषी के घूरते ही उस बाज ने एक बहुत ही कर्कश ध्वनी निकाली और ऊपर ही जलने लगा । करीब दस सेकंड लगे होंगे वह बाज जल कर राख हो गया । उसके राख सर्वत्र सभा मंडप में फैल गये । उस बाज के जलते ही सभा मंडप में उपस्थित सभी नाग पुरुष तथा कन्यायों ने सुकून का सांस लिया । अब सभी के चेहरे पर थोड़ी राहत देखी जा सकती थी । महाराज तथा महारानी पुनः सिंहासन पर जा कर आसीन हो गए । तथा अन्य सभी ने भी अपने अपने स्थान ग्रहण कर लिए । मनीषी ने पुन स्वर्ण कलश ले कर राजकुमार के सिर पर मंत्रोचारण के साथ जल उडेलना शुरु किया । नाग पुरुष तथा नाग कन्यायों ने पुनः वेद मन्त्रों का पाठ करना जारी रखा । राज्याभिषेक का कार्यक्रम और आधे घंटे चला ।

नाग राजकुमार अपने स्थान पर आ कर विराज चुके थे । महायोगी ने भी अपना स्थान ग्रहण कर लिया था । इसी बीच ऊँचे सिंहासन पर विराज रहे नागों के महाराज खड़े हो गये और सभा को संबोधित करते

हुए कहा ।

" आज से एक वर्ष बाद इस गुप्त सर्प राज्य का शासन भार बड़े राजकुमार को दे दिया जाएगा । इसके बाद यही बड़े वर्तमान राजकुमार आपलोगों के राजा होंगे । इस अवसर पर महायोगी ने जो हमारे लिए किया उनका हम हृदय की गहराइयों से आभार प्रकट करते हैं । अब आप समस्त लोगो से निवेदन है इस सभा मंडप से बाहर बने उत्सव स्थल की तरफ प्रस्थान करें । वहां नृत्य संगीत के साथ साथ सभी के भोजन की व्यवस्था भी की गयी है । "

महाराज के घोषणा के बाद सभा विसर्जित हुई । महाराज सिंहासन से उठ कर मनीषी के समीप आए और उन्हें साथ ले कर उत्सव स्थल की ओर बढ़े । उनके पीछे और सभी लोगो ने भी उत्सव स्थल की ओर प्रस्थान किया । महल के बाहर खुले मैदान में यह उत्सव स्थल बनाया गया था । वहां एक बड़े मंच पर नृत्योत्सव का कार्यक्रम प्रारम्भ था । मंच पर पीछे की ओर भगवान शिव की नटराज रूप वाली एक बड़ी प्रतिमा स्थापित की गयी थी । जो की सोने का बना हुआ था । मंच पर कई शास्त्रीय गायकों को आमंत्रित किया गया था । जो गन्धर्व लोक से आए थे । नृत्यांगनाएं नृत्य के लिए तैयार थी । वे नृत्यांगनाएं वहीँ की नाग कन्याएं थी । उन्होंने वैसे ही वस्त्र धारण कर रखे थे जैसे किसी दक्षिण भारतीय नर्तकी की वेशभूषा होती है । मंच पर स्थित एक गन्धर्व गायक ने बहुत ही मधुर राग अलापा । नृत्यांगनाओं ने भी अपना नृत्य आरम्भ कर दिया था । मंच के ठीक सामने मंच की तरफ मुख करके नाग राजा, रानी, दोनों नाग राजकुमार, महायोगी अखंडानन्द एवं सन्यासी सदानंद तथा मनोज एक कतार में अपने विशेष आसनों पर विराजमान थे । ठीक उसके पीछे बैठने के लिए मिट्टी काट कर सीढ़ीनुमा आसन बनाये गये थे । उन सीढ़ीनुमा आसनों पर कीमती कालीन बिछाए गये थे । शेष सभी लोग मिटटी की बनी उन्ही सीढ़ीदार आसनों पर मंच की तरफ मुख करके विराजित थे । उत्सव स्थल के ठीक बगल में भोजन करने हेतु एक स्थान बनाया गया था । उस भोजन वाले विशेष स्थल पर खाने के सभी तरह के शाकाहारी भोज्य पदार्थ एवं मिठाइयां रखी हुई थी । उन बैठे हुए लोगों में से इक्का दुक्का लोग उस भोजन स्थल पर जा जा कर भोजन भी ग्रहण

कर रहे थे । सारा वातावरण बहुत ही आनन्दमयी था ।

उत्सव बहुत ही आनन्दित ढंग से चल रहा था । तभी सभी ने गौर किया सामने आसमान में हल्के काले बादल बढ़े आ रहे हैं । उन बादलों में हल्की गडगडाहट जैसी आवाज भी थी । तेज हवा चलने जैसी आवाज भी सुनाई दे रही थी । वे बादल अब नजदीक आ गये थे । तभी अचानक उन बादलों जैसी आकृति को देख कर वहां उपस्थित सभी लोगों में अजीब सी अफरा तफरी मच गयी । वे सभी उठ उठ कर मैदानों में बने वृतीय आकृति में निचे प्रवेश करने लगे । दरअसल उन वृतीय आकृति के एक विशेष स्थान पर दबाब डालने से एक ढक्कन बगल में सरक जाता । और एक गड्ढा दिखाई देता जिसमे अंदर जाने के लिए सीढ़ी बनी हुई थी । लोग उन्ही गड्ढ़ों में जा जा कर छिपने लगे । बादल जैसे दिखने वाले, वे उड़ते हुए बाजों का समूह था । जिनके पंखों की फड़फड़ाहट हल्का मेघ गर्जन का आभास करा रहे थे । तथा उन पंखों के फड़फड़ाहट से विक्षेप किये गये वायु के द्वारा आंधी चलने का आभास हो रहा था । तभी नागों के राजा मंच पर गए, और बहुत ही तेज आवाज में बोलना शुरू किया ।

" आपलोग आपातकाल में छिपने के लिए निर्मित भूमि के अंदर बनाये गये तलघरों(Bunkers) में न जाएँ । वगैर मेरे आज्ञा के कोई भी स्त्री पुरुष यहाँ से नहीं उठेगा । हमे नहीं भूलना चाहिए की हमारे बीच पृथ्वी से आए हुए एक सिद्ध संत भी मौजूद हैं । हमे उन गरुड़ के वंशजों से नहीं डरना चाहिए । हम इसी तरह डरते रहें तो एक दिन हम समस्त नागों का अस्तित्व संकट में पड़ जाएगा । उनगरुड़ केसंतानों को आने दीजिये महायोगी अखंडानन्द के रहते वे हमारा कुछ भी बिगाड़ नहीं सकते । " राजा के इस प्रकार की घोषणा करने के बाद उन नाग स्त्री पुरुषों को थोड़ा बल मिला । अब वे अपने स्थानों पर डटे हुए थे ।

एक एक कर वे उड़ते हुए बाज जमीन पर आ आ कर बैठने लगे । इनके सिरों की बनावट भी मनुष्यों की तरह ही थी । ठीक पहले आए सभा मंडप में बाज की तरह, आँखें मनुष्य की तरह और चोंच अत्यंत नुकीले बाहर की तरफ निकले हुए । हजारों में उनकी संख्या होगी । सबसे अंत में एक अत्यंत ही विशालकाय बाज निचे उतरा । उसके सिर की बनावट भी मनुष्यों की तरह ही थी, औरो की जैसी थी । आँखें भी वैसे ही मनुष्य

की तरह थी । फर्क सिर्फ इतना था की इस बड़े बाज के सिर पर कटोरे की तरह सोने का एक मुकुट चिपका हुआ प्रतीत हो रहा था । जिस पर नाना प्रकार के रत्न आदि जड़े हुए थे । निचे आते ही वह बड़ा बाज मनुष्य की आवाज में अत्यंत क्रोधित स्वर में बोला ।

" हमे यहाँ से हमारे एक साथी के मृत्यु की खबर मिली है । हमारे उस साथी ने मानसिक सन्देश के द्वारा यह खबर मरते हुए हमारे पास भेजा था । उसने यह भी कहा था की उसके मृत्यु का कारण पृथ्वी से आया हुआ कोई संत हैं । तुमलोगों से आग्रह है चुपचाप उस संत को सामने करो, वर्ना हमारा आदेश मिलते ही हमारे ये साथी तुम सभी को पंजों में दबोच दबोच कर उड़ जायेंगे । और अंत में तुम सभी इनका भोजन बन जाओगे, नोच नोच कर खायेंगे ये तुम्हे । "

" मैं ही हूँ वह जिसे तुम ढूंढते हुए यहाँ आए हो । " मनीषी सामने आए और बोले ।

" तुमने हमारे साथी का वध क्यों किया ? " उस बड़े बाज ने प्रश्न किया ।

" मैंने तुम्हारे उस साथी की मानसिक स्थिति जान ली थी । वह बड़े राजकुमार को अपने पंजे में ले कर उड़ने की फिराक में था । वह किसी भी कीमत पर मानने वाला नहीं था, यह उसकी मन की स्थिति थी । इसलिए मेरे द्वारा किये गये अंतिम उपाय द्वारा अभिमंत्रित मन्त्र से वह समाप्त हो गया । "

यह सुन कर वह बड़ा बाज अत्यंत क्रोध से कर्कश ध्वनी निकलने लगा । और अपने निकट बैठे एक बाज को इंगित करते हुए मनुष्य की आवाज में ही बोला ।

" इस संत को अपने पंजे में दबोच कर ले चलो । "

इतना सुनते ही उसके निकट बैठा बाज थोड़ा आगे बढ़ा, और झपट कर मनीषी को दबोचना चाहा । इधर महायोगी ने देखा वह बाज उन्हें दबोचने की चेष्टा में है, तो उस बाज के हिलते ही मनीषी ने तेजी से अपना दाँया हाथ उठा कर उस बाज की तरफ कर दिया । ऐसा प्रतीत हुआ जैसे मनीषी ने उस बाज को आशीर्वाद देने के लिए हाथ उठाया हो । उनका हाथ उठा हुआ था और उनकी हथेली उस बाज की तरफ खुली हुई

थी ।

"तुम इस संत को दबोचते क्यों नहीं ? " बड़े बाज ने अत्यंत क्रोध से बोला ।

"मैं यहाँ हिल भी नहीं पा रहा हूँ । इनके हाथ उठाते ही मैं अपने आप को बिलकुल जड़ और बलहीन महशूश कर रहा हूँ । " उस बड़े बाज के साथी बाज ने कहा ।

"अच्छा ये बात है । इसे तो मैं ही देखता हूँ । " कह कर उस बड़े बाज ने जोर से अपने पंख फडफडाये । किन्तु लाख प्रयास के बाद वह भी हिल न सका । उसने दो तीन मिनट अपना पूरा जोर लगाया किन्तु टस से मस नहीं हो पाया । उसकी स्थिति क्षण में दयनीय हो गयी । वह बोला ।

"कौन हैं आप ? क्या आप सप्तऋषियों से में कोई हैं, या रामायण या महाभारत कालीन कोई सिद्ध संत हैं । "

" मैं पृथ्वीवासी एक साधारण मनुष्य हूँ । और मैं चाहता हूँ की भगवान गरुड़ के समय से चली आ रही यह गरुड़ के वंशों और सर्पों की शत्रुता अब समाप्त हो । उदर भरने के तुम्हे और अन्य साधन मिल जायेंगे । आखिर कर तुम गरुड़ वंश की पूर्वज माता विनीता ही थी, जो तुम्हारे पूर्वज बिष्णु के वाहन गरुड की माँ थी । और सारे सर्प विनीता की सगी बहन कद्रू के ही संताने हैं । पृथ्वी के सारे सर्प एवं तुमलोग यानि गरुड के वंशज माता के रिश्ते से आपस में भाई ही हो । फिर भाई भाइयों में यह बैर क्यों । भगवान गरुड की माता विनीता और सर्पों की माता कद्रू के पति ऋषि कश्यप ही थे । यानी तुम दोनों के पिता भी एक ही थे । गौर करोगे तो पाओगे मूल में हम सबो की उत्पति एक ही स्रोत से है । हम सभी ईश्वर की ही संताने हैं । पृथ्वी या अन्य लोक के सारे जीव, दैत्य, दानव, देव, यक्ष, गन्धर्व, सर्प, पक्षी सभी एक ही ब्रह्म से उत्पन्न हैं, तो यह बैर कैसा ? " अब यह बैर आगे जारी न रहे और तुम सभी इन सर्पों के उत्सव आदि में व्यवधान करना बंद करो । तुम्हे वचन देना होगा इन सर्पों को आगे कभी तुम सभी परेशान नहीं करोगे । "

इतना सुनते ही उस बड़े बाज ने फिर से एक बार अपना पूरा जोर लगाया किन्तु, जरा भी हिल न सका । वह पांच से सात मिनट तक अपना जोर लगाता रहा । किन्तु वह अपने को अत्यंत बलहीन और

लचार महशूश करने लगा । अपना पूरा प्रयास करने के बाद अंततः वह बोला ।

" अच्छा हम सभी वचन देते है इस नाग राजा के क्षेत्र में आगे हम कोई उपद्रव नहीं करेंगे । अब हमे इस जड़ अवस्था से मुक्त करें और जाने दें । " वह बड़ा बाज गिडगिडाते हुए बोला ।

" इस बात की तुम सभी शपथ खाते हो न ? " मनीषी ने पूछा

सबने एक साथ कहा -

" हाँ हम शपथ खाते हैं । "

वास्तव में मनीषी ने वहां उपस्थित सारे बाजो को मन्त्र बल से स्तम्भित कर दिया था । फिर वे एक मन्त्र बुदबुदाते हुए बोले ।

" जाओ तुम सभी अब मुक्त हो । "

उनके यह कहते ही बड़े बाज ने धीरे से पंख फड़फड़ाया और तुरंत ऊपर की ओर उड़ चला । उस बड़े बाज के उड़ते ही वहां उपस्थित सारे बाज उसके पीछे पीछे उड़ गये । अब वहां नीरव शांति थी ।

वृतीय आकृति के पीछे बने बंकरों में छिपे नाग पुरुष एवं कन्याएं भी अब बाहर आ गए । सभी फिर से एकत्रित हो कर सामूहिक रूप से मंच के सामने बैठ गए । नागों के राजा ने फिर से एक बार मंच पर उपस्थित कलाकारों को कार्यक्रम जारी रखने का आदेश दिया । संगीत और नृत्य का यह कार्यक्रम और दो घंटे चला । सभी के चेहरे पर आनन्द की लहर थी । नाग राजा ने वहां उपस्थित सभी लोगो को भोजन के लिए आमंत्रित किया । उन्होंने मनीषी से भी भोजन के लिए आग्रह किया । किन्तु मनीषी ने कई वर्ष पूर्व ही अन्न का त्याग कर दिया था । उन्होंने यह कारण बताते हुए भोजन करने से इनकार कर दिया । राजा ने मनोज तथा सन्यासी सदानंद से भी भोजन ग्रहण करने को कहा । मनोज और स्वामी सदानंद ने छक कर भोजन किया । वहां उपस्थित अन्य लोगो ने खूब आनन्दपूर्वक भोजन किया । वहां उपस्थित सभी लोग आनन्द तथा शांति महशूश कर रहे थे ।

" अब हमे भी चलने की इजाजत दें । " महायोगी ने नागो के राजा से कहा ।

" हम आपका अहसान कभी नही चुका पायेंगे । इन गरुड़ के वंशजों से मुक्ति दिला कर आपने हमारे ऊपर अत्यंत अहसान किया है । ”नागो के महाराज बोले ।

" अब वे इस क्षेत्र में कभी नहीं आयेंगे । मुझे उनके वचनों पर तनिक भी भरोषा नही है, इसलिए मैंने आपके इस क्षेत्र को मन्त्र शक्ति से अभिमंत्रित कर दिया है । वे इस क्षेत्र में प्रवेश करते ही खाक हो जायेंगे । ”मनीषी ने कहा ।

नागों के महाराज ने वहीँ उपस्थित एक नाग कन्या के द्वारा हीरे, मोती, रत्न, ज्वाहारातों से भरी तीन थालें मंगाई । और तीनो को अलग अलग सुंदर सा थैले में भर कर उपहार स्वरुप मनीषी को तथा मनोज और सन्यासी सदानंद को देने की कोशिश की । किन्तु मनीषी ने साफ मना कर दिया । मनोज के मन में उन बेशकीमती उपहारों को स्वीकार कर लेने की कामना कुछ क्षणों के लिए अवश्य जागी थी । आखिर उसके अंदर भी एक मानव का मन ही था योगी का मन नहीं । किन्तु मनीषी को मना करते देख उसने भी शिष्टाचार पूर्वक उन रत्नों से भरे थैले को लेने से इनकार कर दिया । सन्यासी सदानंद ने भी थैले को लेने से साफ मना किया । अंत में उन तीनो ने वहां से प्रस्थान किया । उन तीनो को वहां से विदा करते वक्त नाग राजा तथा रानी के आँखों में आंसू थे । अन्य नाग पुरुषों एवं नाग कन्यायों की आँखें भी गीली थी ।

करीब एक डेढ़ किलोमीटर चलने के बाद मनीषी ने मनोज तथा सन्यासी सदानंद से अपना हाथ पकड़ने को कहा । एक हाथ सन्यासी सदानंद ने पकड़ा तथा दूसरा हाथ मनोज ने, और कुछ ही क्षणों में वे तीनो हिमालय में महायोगी के गुफा के सामने थे ।

7

अपने लोक में वापसी

मनीषी की गुफा के बाहरी कक्ष में मनोज उस मिट्टी से बने चबूतरे पर बैठा हुआ था । आज उसका मन नही लग रहा था । उसे बार बार अपने घर परिवार तथा कार्यालय की याद आ रही थी । वह इन्ही यादों में डूबा हुआ था तभी महायोगी अखंडानन्द गुफा के भीतरी कक्ष से बाहर आए और मनोज को इंगित करते हुए बोले ।

" तुम्हारे कार्यालय की छुट्टी अब समाप्त होने वाली ही होगी ? "

मनोज ने स्वीकृति में सिर हिलाया और बोला ।

" हाँ अब तीन दिन का अवकाश और शेष है । "

" ठीक है अब तुम अपने घर लौट सकते हो किन्तु अगली बार तुम्हे लम्बी छुट्टी ले कर आना होगा । कब आना है इसकी सूचना तुम्हे मिल जायेगी सन्यासी सदानंद को आ जाने दो । वे तुम्हे निचे गंगोत्री तक छोड़ आयेंगे । "

मनोज चलने की तैयारी के लिए अपना मन बनाने लगा । उसका मन अभी जाने के लिए तैयार नही हो रहा था । यह मन भी अजीब है ! अभी थोड़ी देर पहले वह घर परिवार को याद कर उदास हो रहा था । और जाने के समय उसका मन मनीषी को छोड़ने के लिए तैयार न था । यह मन नही जानता सारी इच्छाएं एक साथ पूरी नही हो सकती । एक को पूर्ण करने के लिए दुसरे को सहर्ष मन से बलिदान करना पड़ता है ।

थोड़ी देर में सन्यासी सदानंद भी आ गये । मनोज का मन एकदम भारी हो गया था । गुफा के भीतरी कक्ष से महायोगी भी बाहरी कक्ष में आ गये थे । मनोज ने अपना बैग उठाया, और चलने को तैयार था । उसने मनीषी के चरणों में गिर कर साष्टांग दंडवत प्रणाम किया और फूट फूट कर रोने लगा । मनीषी ने उसके कंधों को पकड कर उसे उठाया और मुस्कुराते हुए उसके सिर पर हाथ फिराया । मनोज गुफा से बाहर आया और पीछे पीछे सन्यासी सदानंद भी बाहर आए । दोनों निचे गंगोत्री की तरफ प्रस्थान किये । महायोगी भी गुफा से बाहर आ गये थे और मनोज को जाते हुए देख रहे थे । और मन ही मन सोच रहे थे सामने सनातनी वैदिक संस्कृति को जानने वाला, सनातनी वैदिक संस्कृति का रक्षक और वाहक एक युवा समाज में लौट रहा है । उन्हें उम्मीद थी इसके द्वारा सनातनी वैदिक संस्कृति एवं लुप्त हो रही प्राचीन विद्याओं का मशाल अवश्य जलाया जाएगा । और उसका प्रकाश पुरे देश, समाज और विश्व में अवश्य फैलेगा ।

मनोज और सन्यासी सदानंद निचे गंगोत्री में गंगा माता मन्दिर के सामने थे । मनोज तथा सन्यासी सदानंद ने पहले अति पावन पवित्र गंगा में डुबकी लगाई । हिम जैसे ठंढे जल में दोनों ने जी भर कर स्नान किया । फिर मनोज ने अपने पास खरीद कर रखे हुए एक पांच लिटर वाले जरकेन में वहीं से गंगा जल भरा, घर ले जाने के लिए । फिर दोनों ने माँ गंगा के मन्दिर में जा कर माँ गंगा के विग्रह के दर्शन किए ।

" यहीं नजदीक एक सिद्ध संत रहते है । आम लोग उनके बारे में कम ही जानते हैं । यहाँ से थोड़ी दूरी पर ही उनकी कुटिया है । मैं पहले वहीं जाउंगा काफी दिन हुए संत जी से मिला नहीं हूँ । अभी आपको निचे ले कर आया तो सोचा संत जी से भी मिल लूँ । उसके बाद वापस लौट जाउंगा । " सन्यासी सदानंद ने कहा ।

सन्यासी सदानंद से बिछड़ते वक्त भी मनोज का गला रुंधा हुआ था, आँखें गीली थी । वह भरे गले से बोला ।

" आपके सान्निध्य में मुझे अहैतुक प्रेम मिला । यह प्रेम मुझे मेरे सांसारिक जीवन में काफी ऊर्जा देगी । मैंने पिछले दिनों जो भी अध्यात्मिक अनुभव प्राप्त किये । उस वक्त मैंने सदैव आपको तथा

आपकी प्रेरक चैतन्य उर्जा को अपने साथ पाया । आप कौन हैं ? और इस मार्ग से कैसे जुड़े यह मैं चाह कर भी आपसे पहले नही पूछ पाया । मैं निश्चित ही पुनः आउंगा । ”

“ आपका पुनः आना निश्चित है । दुबारा यहाँ आयेंगे तो आपको मेरा परिचय भी मिल जाएगा । फिलहाल मैं आपको बता दूं ऊपर जिस महायोगी के सान्निध्य में आपको विभिन्न अनुभव हुए वे सप्तऋषियों में से ही एक हैं । वे सप्त ऋषियों में से एक कौन हैं ? वह अगली बार यहाँ आने पर आप जान पायेंगे । ” सन्यासी सदानंद ने मुस्कुराते हुए कहा ।

यह सुन कर मनोज का दिमाग सन्न हो गया !

मनोज बस में बैठा हुआ था । बस की खिड़की से बाहर झांकते हुए वह उतराखंड के मनोरम वादियों का लुत्फ उठा रहा था । उसके मन में अभी भी तरह तरह के विचार चल रहे थे । वह सोच रहा था उतराखंड के जिस मन्दिर के आकर्षण में बंध कर मैं यहाँ पहुँचा । क्यों न उस मन्दिर का दर्शन एक बार पुनः करूँ । उसके मन में यह विचार आते ही, धीरे धीरे उसके मन में यह विचार दृढ हो गया । जैसे ही मार्ग में मन्दिर वाला वह गाँव आया । उसने बस रुकवाई और वहीं उतर गया । वह उसी गाँव की ओर चल पडा ।

सर्वप्रथम गाँव में पहुँचते ही उसने मन्दिर के उस पुजारी जी से मिलने का निश्चय किया। वह उनके घर पहुंचा । मन्दिर के पुजारी उसे देख कर अति प्रसन्न हुए । फिर उसने पुजारी जी से मन्दिर में दर्शन की इच्छा जताई । दोनों ने उसी वक्त मन्दिर के तरफ प्रस्थान किया ।

मनोज अब उत्तराखंड के उसी प्राचीन मन्दिर में था । उसने मन्दिर के पुजारी जी से एक बार फिर आज की रात मन्दिर में बिताने की इच्छा जताई । मन्दिर के पुजारी ने यह सहर्ष स्वीकार कर लिया ।

“ आप पहले मेरे घर चल कर भोजन आदि कर लें । फिर जब आपकी इच्छा हो आ कर अपना पूर्ण समय यहाँ बिताएं । ” मन्दिर के पुजारी ने कहा ।

दोनों ने मन्दिर से घर की तरफ प्रस्थान किया । रास्ते में चलते हुए मनोज ने मन्दिर के पुजारी को महायोगी के सान्निध्य में हुए, बताने लायक सारे अनुभव बताए । पुजारी उसके अनुभवों को सुन कर अति

प्रसन्न थे ।

भोजन आदि के बाद मनोज उसी वक्त मन्दिर में आ गया । वह ज्यादा से ज्यादा वक्त मन्दिर में बिताना चाहता था । वह उसी तरह मन्दिर के बरामदे में बैठ कर दूर फैले सुंदर दृश्यों में खो गया था । उसके दिमाग में पुरानी स्मृतियाँ उभर आई थी ।

शाम में वह मन्दिर की आरती में शामिल हुआ । फिर मन्दिर के पुजारी जी उसे मन्दिर की चाभी सौंप कर अपने घर प्रस्थान कर गये ।

रात्रि के ग्यारह बज रहे होंगे उसने मन्दिर का दरवाजा खोला । और वह उसी शिवलिंग के सामने ध्यान लगा कर बैठ गया । ध्यान लगाने के कुछ क्षणों बाद ही उसने महशूश किया जैसे वह एक गहरे प्रकाश के साम्राज्य में विलीन हो रहा है । उसका मन गंगा के शीतल निर्मल जल की तरह एकदम पवित्र और स्वच्छ हो गया था । उसके मन में किसी भी तरह के विचारों की लहर नही थी । अद्वितीय आनन्द की लहरें उसके अंदर उठने लगी । वह निर्विकल्प समाधि में खोने लगा । उसे उत्तराखंड के उस मन्दिर में आलौकिक प्रसाद की प्राप्ति हो रही थी, जिसके लिए वह मन्दिर विख्यात था । आनन्द असीम आनन्द वह साफ महशूश कर रहा था ।

सुबह के चार बज गये थे । मन्दिर के पुजारी ने उसे अत्यंत ही गहरे ध्यान से जगाया । मदिर के पुजारी ने देखा उसके चेहरे पर आलौकिक तेज था । मन्दिर के पुजारी उसके चेहरे की तरफ कुछ क्षणों तक सम्मोहित हो कर देखते रह गए । उसके चेहरे का वह आलौकिक तेज अवर्णनीय था ।

दिन के दस बज रहे होंगे । मन्दिर के पुजारी के घर से उसने नाश्ता आदि करने के बाद प्रस्थान किया । मन्दिर के पुजारी उसे सड़क तक छोड़ने आए । मनोज अब दिल्ली जाने वाली बस में बैठा था । कुछ घंटो के सफर के बाद मनोज अब दिल्ली स्थित अपने निवास में था ।

कुछ दिनों बाद !

शाम का वक्त था । मनोज की पत्नी ने चाय बनाने के लिए गैस की स्टोव जलाई । मनोज भी वहां मौजूद था । उसकी नजरें गैस चूल्हे से निकलती हुई अग्नि की लौ पर गयी । उस नीले रंग की लौ में उसे

मुस्कुराते हुए अग्नि देव की झलक मिली । उसका अंग अंग रोमांचित हो गया ।

सुबह के चार बजे थे । मनोज सुबह उठ कर अपने घर के बाहर टहल रहा था । दूर आकाश के क्षितिज में सूर्य निकलने के पूर्व की हल्की लालिमा फैली हुई थी । मनोज को अनायास ही पूषण देव की याद आ गयी । उसकी आँखें आँसूओं से भर आयीं । उसके चेहरे पर मुस्कुराहट थी । पूषण देव के विचरण का यही तो समय होता है ।

ॐ ॐ ॐ

और अंत में

आपने यह पुस्तक समाप्त कर ली है । मैं अपने उद्देश्य में कितना सफल रहा, यह तो आप ध्यान प्रेमी पाठक गण ही बतायेंगे । हमारे वेद, उपनिषद्, पुराण आदि रहस्यों से भरे हुए हैं । उनमे लिखी बातें महज काली अक्षरें नहीं हैं । बल्कि उनमे लिखी एक एक अक्षरों के रूप में प्राचीन मनीषियों ने ब्रह्म को स्थापित किया है । इसीलिए कहा गया है शब्द ब्रह्म । जिन अक्षरों पर हमारी दृष्टि पड़ते ही उसका प्रकाश हमारे दिमाग में जगमगा उठता है । वेद, उपनिषद्, पुराण आदि तथा अन्य भी सनातनी ग्रंथों में लिखे श्लोकों, तथा उसके अर्थ और उनमें छिपे भावों पर चिन्तन करते हुए, बिना किसी प्रयास के सहसा ही स्वयमेव ही ध्यान लग जाता है । बस आवश्यकता है सजगता पूर्वक सनातनी शास्त्रो के अध्यन करने की । इस पुस्तक के माध्यम से मेरा प्रयास था अपने वैदिक देवताओं से परिचित कराना । उनके गुण, उनके वास्तविक रहस्य को सामने लाना । वैदिक एवं पुराणों में वर्णित देवताओं के माध्यम से सांकेतिक ध्यान के रहस्यों को सामने लाना । मैंने अपने अनुभव तथा बुद्धि अनुसार उसे आपके सामने रखा । इस पुस्तक में आपको जो अच्छा लगा हो वहमेरे गुरुओं, मेरे माता पिता की कृपा और आशीर्वाद । और अगर कुछ पसंद न आया हो तो वह मेरे मंद बुद्धि की कमियाँ थी । उसके लिए मैं क्षमाप्रार्थी हूँ । इस पुस्तक से संबधित आपके विचारों का स्वागत है । आप हमे इस पुस्तक के अच्छे तथा बुरे पहलू से अवश्य अवगत कराएं । आप अपने विचार इस E Mail IDKundalinishakti8u@gmail.com पर भेज सकते हैं । आपने हमे पढ़ा इसके लिए आभार ।

ॐ सत्यं परम धीमहि ॐ